외국인 유학생을 위한 한국어

듣고 말하는
대학 한국어

서희정·박수진·손시진

「듣고 말하는 대학 한국어」를 펴내며

입력된 내용이 부족하면 제대로 된 출력이 불가능하듯이 한국어를 외국어로 접하는 학습자에게 듣기와 읽기와 같은 이해 영역의 교육이 이루어지지 않으면 학습자가 자신의 지식, 생각, 감정 등을 말이나 글로 표현하기가 힘들다. 특히 듣기와 말하기는 인간이 의사소통에서 차지하는 비중이 70% 이상을 차지하는 만큼 대학에서 학위 과정을 이수하는 외국인 학부생에게도 매우 중요한 의사소통 활동이라 할 수 있다.

이 책의 저자는 모두 외국어로서의 한국어 교육을 전공하고 한국어 연수생, 학부생, 대학원생을 대상으로 한 한국어 교육 및 연구 현장에서 외국인과 끊임없이 소통하고 있다. 한국 대학에 입학하는 외국인 간 한국어 능력의 편차가 커지고 있는 현 시점에서 외국인 학부생이 학위 과정을 성공적으로 이수하고 대학 생활을 원만하게 유지하는 데 필수적인 한국어 교육 내용 및 방법에 대한 고민은 그 어느 때보다 커질 수밖에 없다. 저자는 이에 대한 고민을 거듭하면서 「듣고 말하는 대학 한국어」를 펴내게 되었다.

「듣고 말하는 대학 한국어」는 한국의 대학 입학을 목적으로 하는 한국어 연수생, 외국인 학부생 등 학문 목적 한국어 학습자가 대학 수업은 물론이고 대학에서 접하는 다양한 정보를 이해하고 관련 내용에 대해 대학의 구성원과 소통하면서 학위 과정을 성공적으로 이수하는 데 필요한 듣고 말하기 능력을 배양하는 것에 중점을 두고 있다.

이 책은 다음과 같은 특징을 지닌다.

첫째, 이 책은 대학 생활과 대학 수업으로 나누어 주제를 다양화한다. 학습자가 대학 생활 및 학업에 유용한 듣고 말하기 활동을 할 수 있도록 **1부 대학 생활, 2부 대학 수업의 기본, 3부 대학 수업의 실제** 등 세 부분으로 나누며 12가지 주제로 이루어진 **12단원**으로 편성된다.

1부 대학 생활에서는 학교생활과 행사, 적성과 진로 등 유학 생활을 즐겁게 하는 데 필요한 내용을 학습한다. 2부 대학 수업의 기본에서는 수업 소개, 학습 방법, 대학 윤리와 예절 등 대학 수업을 슬기롭게 해 나가는 데 필요한 기본 내용을 학습한다. 3부 대학 수업의 실제에서는 정의, 예시, 나열, 비교와 대조, 분류와 구분, 묘사와 비유, 인과관계, 문제 해결 등 대학 수업 내용을 이해하고 표현하는 데 필요한 설명 및 논증 방법을 학습한다.

둘째, 학습자의 수준 및 학습 환경에 따라 '듣고 말하기' 과제를 선택하여 탄력적으로 학습한다. 초급 후반부터 고급 수준까지의 다양한 한국어 능력을 지닌 학습자를 아우를 수 있도록 각 단원은 한국어 수준별로 '듣고 말하기' ★☆☆(초급 후반~중급 초반) 2개, ★★☆(중급) 2개, ★★★(고급) 2개 등 총 3종, 6개의 '듣고 말하기' 과제로 구성된다. 12단원에 제시되는 **총 72개의 한국어 수준별 '듣고 말하기' 과제**는 학습자가 혼자 또는 교실 수업에서 학습할 때 학습자의 수준과 목표, 학습 환경 및 시간에 따라 탄력적 적용이 가능하다.

셋째, 이해 활동과 표현 활동을 병행하여 학습자가 능동적으로 학습에 참여한다. 한 단원의 '듣고 말하기' 과제 6개는 공통적으로 단원의 주제에 적합한 배경 지식 활성화 활동을 시작으로 주요 내용 듣기, 새 단어, **내용 이해 확인 문제 풀기, 들으며 중요한 어휘나 내용 메모하기, 들은 내용 요약하기, 들으며 따라 말하기, 동료와 함께 말하기 과제 해결하기 등의 다양한 활동**과 함께 단원 정리, 자기 평가로 구성되므로 듣기와 말하기, 때로는 쓰기 활동과 연계하여 학습자가 능동적으로 학습할 수 있다.

「듣고 말하는 대학 한국어」가 한국에서 대학 생활을 하고자 하는 한국어 학습자가 즐겁고 흥미롭게 한국어를 배우고, 한국어 교원이 효율적으로 한국어를 가르치는 데 도움이 되기를 바란다.

2024월 8월
저자 일동

목차

1부 대학 생활   12

2부 대학 수업의 기본   74

「듣고 말하는 대학 한국어」의 구성

- 1부 대학 생활 3단원, 2부 대학 수업의 기본 3단원, 3부 대학 수업의 실제 6단원 등 총 12개의 주제로 이루어진 12단원으로 구성된다.

- 한 단원은 6개의 '듣고 말하기' 과제로 구성되며, 듣고 말하기 1, 2 ★☆☆는 초급 후반부터 중급 초반 수준, 듣고 말하기 3, 4 ★★☆는 중급 수준, 듣고 말하기 5, 6 ★★★은 고급 수준에 적합하다.

	듣고 말하기 1, 2 ★☆☆	듣고 말하기 3, 4 ★★☆	듣고 말하기 5, 6 ★★★	
한국어 수준	초급 후반~중급 초반	중급	고급	3종
한 단원의 과제	2개	2개	2개	6개
12단원의 과제	24개	24개	24개	72개

- 학습자의 수준 및 학습 목표, 단원의 주제, 학습 환경 및 시간 등에 따라 '듣고 말하기' 과제 72개를 탄력적으로 선택하여 학습할 수 있다.

  예 초급 후반 수준에서 시작하여 중급 수준을 목표로 하는 학습자는 각 단원의 '듣고 말하기' 1, 2, 3, 4를 선택적으로 학습할 수 있으며, 학습 시간에 따라 '듣고 말하기' 1, 2, 3을 학습할 수도 있다. 중급 수준에서 시작하여 고급 수준을 목표로 하는 학습자는 '듣고 말하기' 3, 4, 5, 6을 학습할 수 있으며, 학습 시간에 따라 '듣고 말하기' 3, 4, 5를 선택할 수 있다.

  예 학습 목표 및 학습 환경에 따라 대학 생활과 대학 수업의 기본에 해당되는 1~6단원을 학습하거나 대학 수업의 기본과 실제로 이루어진 4~12단원을 선택적으로 학습할 수 있다.

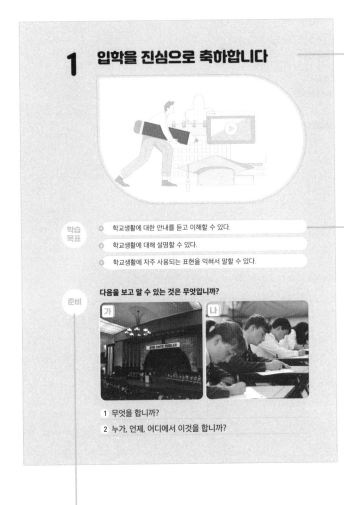

1 입학을 진심으로 축하합니다

단원 제목
단원의 제목이다.

학습
목표
◇ 학교생활에 대한 안내를 듣고 이해할 수 있다.
◇ 학교생활에 대해 설명할 수 있다.
◇ 학교생활에 자주 사용되는 표현을 익혀서 말할 수 있다.

학습 목표
단원의 학습 목표이다.

준비

다음을 보고 알 수 있는 것은 무엇입니까?

가 나

1 무엇을 합니까?
2 누가, 언제, 어디에서 이것을 합니까?

준비
단원의 주제를 이해하는 데 적합한 사진이나 그림을 제시하고 이에 대해
묻고 답하는 과정을 통하여 학습자가 주제에 흥미를 갖도록 유도한다.

듣고 말하기 6
'듣고 말하기' 과제 번호이다.

이야기해 봅시다
'듣고 말하기' 과제별로 주제에 적절한 사진, 그림, 대화문 등을 제시하고 이에 대해 묻고 답하는 과정을 통하여 학습자의 배경 지식을 활성화한다.

★★★
'듣고 말하기' 과제의 수준이다.

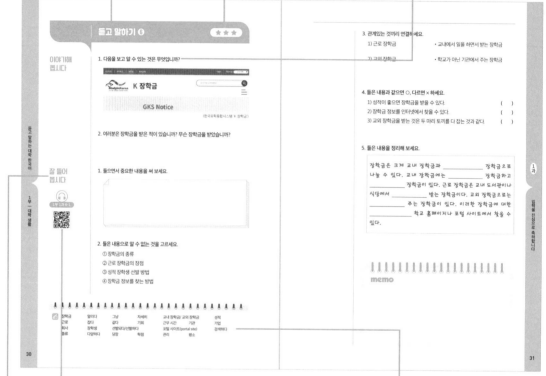

QR코드
QR코드로 듣기 지문을 들을 수 있으며 MP3파일도 함께 제공된다.

새 단어
듣기 지문의 새 단어이며, 예습 및 복습을 통해 단어를 학습할 수 있다.

잘 들어 봅시다
'잘 들어 봅시다'의 듣기 지문의 내용을 들은 후 내용에 대한 이해 여부를 확인한다. 들으면서 중요한 어휘나 단어 쓰기, 사지선다형 문제, 연결하기 문제, OX 문제, 들은 내용 요약하여 쓰기 등의 다양한 활동으로 구성되어 있어 학습자가 능동적으로 학습에 참여할 수 있다.

들으면서 말해 봅시다

'잘 들어 봅시다'의 핵심 표현, 문법, 어휘를 활용하여 간단하고 쉽게 말할 수 있도록 재구성된 문장이다. 학습자가 문장을 들으며 따라 말하는 연습을 통해 핵심 표현, 문법, 어휘에 익숙해지고 즉각적인 발화로 연계될 수 있도록 한다.

정리

단 원 에 서 학 습 한 내용을 듣고 말하기 과제별로 정리한다.

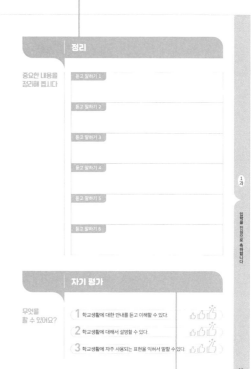

함께 이야기해 봅시다

동료와 함께 할 수 있는 듣고 말하기 활동이다.

QR코드

QR코드로 '들으면서 말해 봅시다'를 들을 수 있으며 MP3파일도 함께 제공된다.

자기 평가

단 원 의 학 습 목 표 를 달 성 했 는 지 학 습 자 스스로 점검한다.

단원 구성

	단원	주제
1부 대학 생활	1과 입학을 진심으로 축하합니다	학교생활
	2과 한국어를 아주 유창하게 잘하시는데요?	학교 행사
	3과 졸업하면 무슨 일을 하고 싶어요?	적성과 진로
2부 대학 수업의 기본	1과 다음 주에는 현장 실습을 합니다	수업 소개
	2과 A+를 받는 비결이 뭐예요?	학습 방법
	3과 팀 발표에서 무임승차를 하면 안 됩니다	대학 윤리와 예절
3부 대학 수업의 실제	1과 가스라이팅에 대해 들어본 적 있어요?	정의, 예시, 나열
	2과 그라피티는 낙서와 다를까요?	비교, 대조
	3과 ESTJ는 관리자형입니다	분류, 구분
	4과 용은 신성한 힘을 가진 동물입니다	묘사, 비유
	5과 돈과 행복은 분명히 관계가 있습니다	인과관계
	6과 대체 왜 해야 할 일을 미룰까요?	문제 해결

듣고 말하기 ★☆☆	듣고 말하기 ★★☆	듣고 말하기 ★★★
1. 학사 일정 2. 동아리	3. 입학 환영사 4. 수강 신청	5. 도서관 이용 안내 6. 장학금
1. 학교 축제 2. MT 준비	3. 성년식 체험 인터뷰 4. 유학생 행사	5. 말하기 대회 우승 소감 6. 체육 대회
1. 진로 탐색 교과목 2. SWOT 분석	3. 취업 선배 특강 4. 진로 캠프	5. 직업 선호도 검사 6. 학과 소개
1. 수업 계획서 2. 평가 방법	3. 수업 방식 4. 학과 교육 과정	5. 실기 수업 6. 실습수업
1. 학점 관리 비결 2. 수업 내용 이해 방법	3. 한국어 학습 방법 4. 보고서 작성 방법	5. 발표 방법 6. 필기 방법
1. 수업 태도 2. 팀 발표 준비	3. 이메일 작성 예절 4. 수험자의 윤리	5. 발표자의 윤리 6. 대학생의 사회적 역할
1. 4차 산업혁명 2. 펫티켓	3. 사물놀이 4. 가스라이팅	5. 1인 가구와 일코노미 6. 한국의 세계유산
1. 언어의 기본 어순 2. 그라피티	3. 스마트폰 운영 체계 4. 오페라와 뮤지컬	5. 동서양 사고방식 차이 6. 친환경차
1. SNS 이용 2. 기후 구분	3. 시대 구분 4. e스포츠	5. 전자파 6. MBTI
1. 동물 묘사 2. 방 묘사	3. 독서는 마음의 양식 4. 비유와 상징	5. 꽃말 6. 상상 속 동물
1. 환경오염 2. 저출산	3. 개인형 이동 장치 4. 한국 문화 콘텐츠	5. 돈과 행복의 관계 6. 소비 심리
1. SNS 중독 2. 플로깅	3. 고령화 4. 가짜 뉴스	5. 일을 미루는 태도 6. 문제 해결 능력 향상 방법

1. 부

대학 생활

streaming

1 입학을 진심으로 축하합니다

학습목표

- 학교생활에 대한 안내를 듣고 이해할 수 있다.
- 학교생활에 대해 설명할 수 있다.
- 학교생활에 자주 사용되는 표현을 익혀서 말할 수 있다.

준비

다음을 보고 알 수 있는 것은 무엇입니까?

가

나

1 무엇을 합니까?

2 누가, 언제, 어디에서 이것을 합니까?

듣고 말하기 ❶

1. 다음을 보고 알 수 있는 것은 무엇입니까?

이야기해
봅시다

1학기 학사 일정

3월 2028

S	M	T	W	T	F	S
			①	2	3	4
5	6	7	8	9	10	11
12	13	14	15	16	17	18
19	20	21	22	23	24	25
26	27	28	29	30	31	

3. 1. (수)　　　　| 삼일절
3. 2. (목)　　　　| 개강
3. 6. (월) ~ **3. 8.** (수)　| 수강 정정
3. 30. (목) ~ **3. 31.** (금)　| 단과대학 MT

4월 2028

S	M	T	W	T	F	S
						1
2	3	4	5	6	7	8
9	10	11	12	13	14	15
16	17	18	19	20	21	22
23	24	25	26	27	28	29
30	31					

4. 20. (목) ~ **4. 26.** (수)　| 중간시험
4. 28. (금)　　　| 외국인 말하기 대회

5월 2028

S	M	T	W	T	F	S
	1	②	3	4	⑤	6
7	8	9	10	11	12	13
14	15	16	17	18	19	20
21	22	23	24	25	26	27
28	29	30	31			

5. 2. (화)　　　　| 부처님 오신 날
5. 5. (금)　　　　| 어린이날
5. 17. (수) ~ **5. 19.** (금)　| 축제

6월 2028

S	M	T	W	T	F	S
				1	2	3
4	5	⑥	7	8	9	10
11	12	13	14	15	16	17
18	19	20	21	22	23	24
25	26	27	28	29	30	

6. 6. (화)　　　　| 현충일
6. 8. (목) ~ **6. 14.** (수)　| 기말시험
6. 15. (목)　　　| 방학
6. 26. (월)　　　| 성적 열람

2. 여러분 나라의 학사 일정과 무엇이 다릅니까?

잘 들어
봅시다

1부 1과 1-1

1. 들으면서 중요한 어휘를 써 보세요.

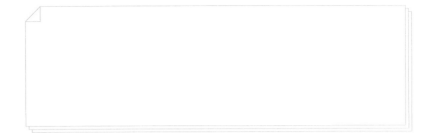

2. 들은 내용으로 알 수 없는 것을 고르세요.

① 개강일

② 축제 기간

③ 수강 신청 기간

④ 말하기 대회 날짜

3. 들은 내용과 같으면 O, 다르면 X 하세요.

1) 중간시험 전에 축제가 있다. ( )

2) 4월 말에는 외국인 말하기 대회가 있다. ( )

3) 수강 정정 기간에 신청한 교과목을 바꿀 수 있다. ( )

들으면서
말해 봅시다

1부 1과 1-2

1. 1) 이번 학기 학사 일정에 대해 안내하려고 합니다.

2) 학사 일정에 대해 알려 드리겠습니다.

입학하다	환영하다	행정실	유학생	담당하다	학기
학사 일정	안내하다	개강하다	수강	정정	기간
신청	교과목	변경하다	말	엠티(MT, Membership Training)	
동기	선배	친하다	기회	중간시험	행사
준비되다/준비하다		대회	축제	구체적	내용
홈페이지	참고하다				

• 참석하다
• 참여하다
• 참가하다

1부 1과 1-3

함께 이야기해 봅시다

2. 1) 구체적인 내용은 홈페이지를 참고해 주세요.

　　2) 자세한 내용은 홈페이지에 공지되어 있습니다.

학교 홈페이지에서 학사 일정을 찾아보세요. 여러분이 가장 기대하는 일정은 무엇인지 다음 표를 완성하면서 친구들과 이야기해 보세요.

1학기 학사 일정			
3월	4월	5월	6월

2학기 학사 일정			
9월	10월	11월	12월

우리 학교에서는 ＿＿＿＿＿에 ＿＿＿＿＿＿을/를 하고 ＿＿＿＿＿에 ＿＿＿＿＿＿을/를 하는데, 저는 ＿＿월에 하는 ＿＿＿＿＿＿이/가 제일 기대됩니다.

듣고 말하기 ❷

★ ☆ ☆

이야기해 봅시다

1. 여러분은 친구들과 함께 하는 모임에 가입해 본 적이 있습니까? 그 모임의 이름은 무엇입니까?

2. 대학교에서 어떤 모임에 가입하고 싶습니까?

잘 들어 봅시다

1부 1과 2-1

1. 들으면서 중요한 어휘를 써 보세요.

2. 들은 내용으로 알 수 없는 것을 고르세요.

① 동아리의 수
② 동아리의 장점
③ 동아리 가입 기간
④ 동아리 가입 자격

3. 들은 내용과 같으면 O, 다르면 X 하세요.

1) 전공에 관계없이 동아리에 가입할 수 있다. ( )

2) 우리 대학교에 60개 이상의 동아리가 있다. ( )

3) 동아리에 대한 내용을 SNS로 확인할 수 있다. ( )

반갑다	동아리	연합회		회장/부회장	현재	총	운영되다/운영하다
학부/학과	관계없이/상관없이			누구나	원하다	가입하다	자세하다
내용	SNS(Social Network Service)			확인하다	직접	신청	가능하다
장점	특히	인맥		넓히다/넓다	전공	교류하다	다양하다
국적	사귀다	활동		소중하다	추억		

들으면서 말해 봅시다

1부 1과 2-2

1부 1과 2-3

1. 1) 학과에 관계없이 누구나 동아리에 가입할 수 있습니다.

    2) 학과에 상관없이 누구든지 동아리에 가입할 수 있습니다.

2. 1) 동아리에 대한 자세한 내용은 홈페이지를 통해 확인할 수 있습니다.

    2) 구체적인 동아리 소개는 홈페이지에서 확인 가능합니다.

함께 이야기해 봅시다

대학교 홈페이지에서 동아리를 찾아보세요. 무슨 동아리에 가입하고 싶은지 다음 표를 완성하면서 친구들과 이야기해 보세요.

	누구	가입하고 싶은 동아리	이유
1	나		
2			
3			

제가 가입하고 싶은 동아리는 _____.

저는 _____아/어서 이 동아리에

가입하고 싶습니다.

듣고 말하기 ❸

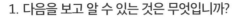

이야기해 봅시다

1. 다음을 보고 알 수 있는 것은 무엇입니까?

2. 학교 행사에 참여해 봤습니까?

잘 들어 봅시다

1부 1과 3-1

1. 들으면서 중요한 어휘를 써 보세요.

2. 들은 내용의 주요 내용으로 알맞은 것을 고르세요.

① 대학 안내
② 입학 축하
③ 교직원 소개
④ 학습 방법 설명

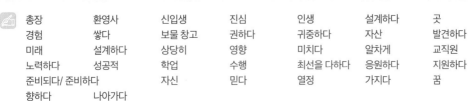

총장	환영사	신입생	진심	인생	설계하다	곳
경험	쌓다	보물 창고	권하다	귀중하다	자산	발견하다
미래	설계하다	상당히	영향	미치다	알차게	교직원
노력하다	성공적	학업	수행	최선을 다하다	응원하다	지원하다
준비되다/ 준비하다		자신	믿다	열정	가지다	꿈
향하다	나아가다					

3. 들은 내용과 같으면 ○, 다르면 × 하세요.

1) 이 이야기는 졸업식에서 들을 수 있다.　　　　　　　　　　　(　)

2) 다양한 경험은 인생을 위한 중요한 투자이다.　　　　　　　　(　)

3) 대학의 구성원은 학생을 위해 노력할 것이다.　　　　　　　　(　)

4. 들은 내용을 정리해 보세요.

> 대학은 인생을 _____ 곳이며 많은 경험을 _____ 수 있는 보물 창고이다. 대학에서의 _____ 인생의 귀중한 _____ 되고 경험을 통해 자신이 _____ 것과 _____ 것을 발견할 수 있기 때문에 다양한 경험을 해 보는 것을 _____. 대학에서 보낼 시간들은 미래를 _____ 데 상당히 큰 _____ 미칠 것이다. 자신을 _____ 열정을 가지고 _____ 향해 나아가야 한다.

들으면서 말해 봅시다

1부 1과 3-2

1부 1과 3-3

1부 1과 3-4

1. 1) 대학은 인생을 설계하는 곳이자 다양한 경험을 쌓는 곳입니다.

　　2) 대학은 인생을 설계하는 곳이며 많은 경험을 하는 곳입니다.

　　3) 대학은 인생을 설계하는 곳이면서 여러 가지를 경험하는 곳입니다.

2. 1) 경험은 인생의 귀중한 자산입니다.

　　2) 대학에서 보낼 4년은 중요한 시기니까 알차게 보내기 바랍니다.

3. 1) 우리 대학에 입학한 여러분을 축하합니다.

　　2) 여러분의 입학을 진심으로 축하합니다.

함께 이야기해 봅시다

여러분의 대학 생활 계획은 무엇입니까? 다음의 표를 완성하고 친구들에게 이야기해 보세요.

	목표	계획
1학년		
2학년		
3학년		
4학년		

안녕하세요? 저는 ＿＿＿＿＿＿＿학부 / 학과 ＿＿＿＿학년 ＿＿＿＿＿＿(이)라고 합니다. 저는 대학 생활을 알차게 보내기 위해 다음과 같은 계획을 세웠습니다.

1학년 목표는 ＿＿＿＿＿＿＿＿＿＿＿＿＿. 그래서 ＿＿＿＿＿＿＿＿＿＿＿＿＿＿＿＿＿＿＿.

듣고 말하기 ❹

이야기해 봅시다

1. 다음을 보고 알 수 있는 것은 무엇입니까?

수강 신청 안내

기간: 8월 16일~22일
시간: 오전 10시~오후 4시
방법: PC, 모바일 모두 가능

2. 여러분이 직접 수강 신청을 해 본 적이 있습니까? 어떻게 했습니까?

잘 들어 봅시다

1부 1과 4-1

1. 들으면서 중요한 어휘를 써 보세요.

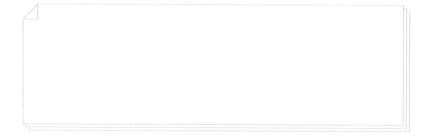

학기　　　　기말시험　　끝나다　　바로　　　특별히　　　모이다/모으다
이유　　　　중　　　　　처음　　　방법　　　학점　　　　먼저　　　　　• 과목
일반적　　　성적　　　　확인하다　최소　　　이상　　　　이수하다　　　• 교과목
장학금　　　자격　　　　생기다　　참고하다　시스템　　　모바일(mobile)　• 수업
모두　　　　접속　　　　학번　　　비밀번호　로그인　　　과목
나타나다　　고르다　　　마지막　　만약　　　잘못되다/잘못하다
신청되다/신청하다　　　삭제하다　다시

2. 들은 내용의 주요 내용으로 알맞은 것을 고르세요.

　① 수강 가능 과목
　② 수강 가능 학점
　③ 수강 신청 기간
　④ 수강 신청 방법

3. 들은 내용과 같으면 ○, 다르면 × 하세요.

　1) 수강 신청은 컴퓨터에서만 가능하다.　　　　　　　　(　　)
　2) 모든 학생들은 18학점까지 신청할 수 있다.　　　　　(　　)
　3) 장학금을 받으려면 최소 15학점 이상 이수해야 한다.　(　　)

4. 들은 내용을 정리해 보세요.

방학 중에 수강 ＿＿＿＿＿＿＿＿ 해야 한다. 수강 신청 전에 수강 가능 ＿＿＿＿＿＿＿＿ 확인해야 하고 ＿＿＿＿＿＿＿＿ 받으려면 최소 15학점을 ＿＿＿＿＿＿＿＿ 한다. 수강 신청은 컴퓨터나 ＿＿＿＿＿＿＿＿ 할 수 있으며 듣고 싶은 과목을 ＿＿＿＿＿＿＿＿ 신청한 후에 신청이 잘 되었는지 ＿＿＿＿＿＿＿＿ 것이 좋다.

memo

1. 1) 학생들을 위해 수강 신청 방법을 안내하겠습니다.
   2) 학생들을 위하여 수강 신청 방법에 대해 설명하겠습니다.

2. 1) 최소 15학점 이상 이수해야 장학금을 받을 수 있는 자격이 생깁니다.
   2) 장학금을 받으려면 최소 15학점 이상 이수해야 합니다.

함께 이야기해
봅시다

여러분이 꼭 듣고 싶은 수업은 무엇입니까? 왜 그 수업을 듣고 싶습니까? 다음 표를 완성하면서 친구들과 이야기해 보세요.

	누구	듣고 싶은 수업	이유
1	나		
2			
3			

듣고 말하기 ❺ ★ ★ ★

이야기해
봅시다

1. 다음을 보고 알 수 있는 것은 무엇입니까?

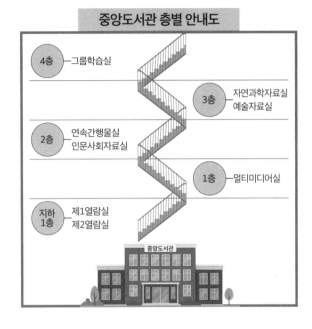

중앙도서관 층별 안내도

4층 — 그룹학습실

3층 — 자연과학자료실
예술자료실

2층 — 연속간행물실
인문사회자료실

1층 — 멀티미디어실

지하
1층 — 제1열람실
제2열람실

중앙도서관

2. 도서관에서 무엇을 할 수 있습니까?

잘 들어
봅시다

1. 들으면서 중요한 내용을 써 보세요.

1부 1과 5-1

중앙도서관	손들다	벌써	지하	개방되다	열람실
학생증	좌석/자리	인쇄	복사/복사실	이용하다	올라가다
멀티미디어 자료실	카페	오전	동영상 강의	DVD
시청	빌리다	대출하다	인문	예술	관련되다/관련하다
사회 과학	보유하다	적극적	활용하다	그룹 학습실	문구점

• 누구나/누구든지
• 언제나/언제든지
• 어디나/어디든지

2. 빈칸에 알맞은 말을 쓰세요.

4층	1) _____.
3층	2) _____.
2층	인문과 예술 관련 책을 빌릴 수 있다.
1층	3) _____.
지하 1층	복사할 수 있다.

3. 들은 내용으로 알 수 없는 것을 고르세요.

① 열람실 이용 방법
② 대출 가능 도서 수
③ 멀티미디어실 위치
④ 그룹 학습실 이용 시간

4. 들은 내용과 같으면 ○, 다르면 × 하세요.

1) 도서관에서 동영상 강의를 들을 수 있다. ( )
2) 대학생은 책을 10일 동안 대출할 수 있다. ( )
3) 도서관은 총 네 개의 층으로 이루어져 있다. ( )

5. 들은 내용을 정리해 보세요.

중앙도서관은 지하 1층부터 _____ 다양한 시설이 있다. 지하 1층에는 학생들이 _____ 와서 공부할 수 있는 24시간 _____ 있다. 1층 멀티미디어 자료실에서는 동영상 강의를 듣거나 DVD _____ 가능하다. 2층과 3층에는 책을 빌릴 수 있는 _____ 있다. 2층에는 인문 예술, 3층에는 사회 과학에 관련된 책이 있다. 마지막으로 4층에는 그룹 _____ 있다.

들으면서
말해 봅시다

1부 1과 5-2

1부 1과 5-3

1. 1) 모바일 학생증으로 열람실 좌석을 선택하면 됩니다.

   2) 모바일 학생증을 이용해서 열람실 자리를 선택할 수 있습니다.

2. 1) 자료실에서 책도 빌릴 수 있고 공부도 할 수 있습니다.

   2) 도서관에서 책을 빌릴 수 있을 뿐만 아니라 공부도 할 수 있습니다.

함께 이야기해
봅시다

학생들이 자유롭게 이용할 수 있는 교내 시설에는 무엇이 있습니까? 여러분 학교에 어떤 시설이 생기면 좋겠습니까? 그 이유는 무엇인지 다음 표를 완성하면서 친구들과 이야기해 보세요.

	누구	현재 교내 시설	원하는 교내 시설	이유
1	나			
2				
3				

듣고 말하기 ❻

이야기해 봅시다

1. 다음을 보고 알 수 있는 것은 무엇입니까?

(한국유학종합시스템 'K 장학금')

2. 여러분은 장학금을 받은 적이 있습니까? 무슨 장학금을 받았습니까?

잘 들어 봅시다

1부 1과 6-1

1. 들으면서 중요한 내용을 써 보세요.

2. 들은 내용으로 알 수 없는 것을 고르세요.

　① 장학금의 종류

　② 근로 장학금의 장점

　③ 성적 장학생 선발 방법

　④ 장학금 정보를 찾는 방법

장학금	알리다	그냥	자세히	교내 장학금/ 교외 장학금		성적
근로	잡다	같다	기회	근무 시간	기관	기업
회사	장학생	선발되다/선발하다		포털 사이트(portal site)		검색하다
종류	다양하다	당장	학점	관리	평소	

3. 관계있는 것끼리 연결하세요.

1) 근로 장학금   • 교내에서 일을 하면서 받는 장학금

2) 교외 장학금   • 학교가 아닌 기관에서 주는 장학금

4. 들은 내용과 같으면 ○, 다르면 × 하세요.

1) 성적이 좋으면 장학금을 받을 수 있다.   (　　　)

2) 장학금 정보를 인터넷에서 찾을 수 있다.   (　　　)

3) 교외 장학금을 받는 것은 두 마리 토끼를 다 잡는 것과 같다.   (　　　)

5. 들은 내용을 정리해 보세요.

장학금은 크게 교내 장학금과 _____ 장학금으로 나눌 수 있다. 교내 장학금에는 _____ 장학금하고 _____ 장학금이 있다. 근로 장학금은 교내 도서관이나 식당에서 _____ 받는 장학금이다. 교외 장학금으로는 _____ 주는 장학금이 있다. 이러한 장학금에 대한 _____ 학교 홈페이지나 포털 사이트에서 찾을 수 있다.

memo

1부 1과 6-2

1부 1과 6-3

1부 1과 6-4

1. 1) 우리 학교에는 성적 장학금하고 근로 장학금이 있습니다.

2) 장학금에는 교내 장학금과 교외 장학금이 있습니다.

2. 1) 장학생으로 선발돼서 한국에서 공부하고 있습니다.

2) 장학생으로 뽑혀서 한국에서 유학하고 있습니다.

3. 1) 근로 장학금을 받는 것은 두 마리 토끼를 다 잡는 것과 같습니다.

2) 근로 장학금을 받는 것은 일석이조라고 할 수 있습니다.

여러분이 받을 수 있는 장학금에는 무엇이 있습니까? 그 장학금을 받기 위해서 어떻게 해야 합니까? 다음 표를 완성하면서 친구들과 이야기해 보세요.

	교내 장학금		교외 장학금	
	이름	조건	이름	조건
1				
2				

정리

중요한 내용을
정리해 봅시다

| 듣고 말하기 1 |
| 듣고 말하기 2 |
| 듣고 말하기 3 |
| 듣고 말하기 4 |
| 듣고 말하기 5 |
| 듣고 말하기 6 |

자기 평가

무엇을
할 수 있어요?

1 학교생활에 대한 안내를 듣고 이해할 수 있다.

2 학교생활에 대해서 설명할 수 있다.

3 학교생활에 자주 사용되는 표현을 익혀서 말할 수 있다.

memo

2 한국어를 아주 유창하게 잘하시는데요?

학습
목표

○ 학교 행사에 대한 안내를 듣고 이해할 수 있다.

○ 학교 행사에 대해 설명할 수 있다.

○ 학교 행사 안내에 자주 사용되는 표현을 익혀서 말할 수 있다.

다음을 보고 알 수 있는 것은 무엇입니까?

준비

한국어교육학과 가을 MT

1. 언   제?   10월 2일 ~10월 4일 (2박 3일)
2. 어   디?   제주도 동화마을
3. 어 떻 게?   참가 신청서 제출
4. 모이는 곳?   10월 2일 오전 9:30분 중앙도서관 앞

1 여러분이 알고 있는 학교 행사에는 무엇이 있습니까?

2 그것을 어떻게 알게 되었습니까?

듣고 말하기 ❶

이야기해 봅시다

1. 다음을 보고 알 수 있는 것은 무엇입니까?

가

나

2. 학교 축제에 가 본 적이 있습니까? 학교 축제에서 무엇을 할까요?

잘 들어 봅시다

1부 2과 1-1

1. 들으면서 중요한 어휘를 써 보세요.

2. 들은 내용의 주요 내용으로 알맞은 것을 고르세요.

① 가수 소개

② 축제 소개

③ 공연장 소개

④ 체험 활동 소개

 축제   공연을 하다   야외 강당   프로그램   체험 활동   무료   가상현실
드론   에코백   체험   음료수

3. 들은 내용과 같으면 ○, 다르면 × 하세요.

1) 남자가 축제에 같이 가자고 제안했다. ( )

2) 학교 홈페이지에서 축제 프로그램을 확인할 수 있다. ( )

3) 축제에서 체험 활동을 하려면 체험 비용을 내야 한다. ( )

**듣으면서
말해 봅시다**

1부 2과 1-2

1부 2과 1-3

1. 1) 대학 축제에 한 번도 안 가 봤어요.

2) 대학 축제에 가 본 적이 없어요.

2. 1) 축제 때 가수가 와서 공연도 한대요.

2) 축제에서 가수들이 공연도 한다고 해요.

memo

함께 이야기해 봅시다

여러분 학교에서는 축제를 언제 해요? 그 축제 이름은 무엇입니까? 축제에서 무엇을 합니까? 다음 표를 완성하면서 친구들과 이야기하세요.

축제 이름	
기간	
프로그램	

우리 학교는 축제를 언제 해요?

_____ 에 하지 않아요?

올해는 어떤 프로그램이 있을까요?

학교 홈페이지에서 같이 찾아봅시다.

듣고 말하기 ❷

★ ☆ ☆

이야기해 봅시다

1. MT가 무엇입니까?

2. MT를 가 본 적이 있습니까? 어땠습니까?

잘 들어 봅시다

1부 2과 2-1

1. 들으면서 중요한 어휘를 써 보세요.

2. 두 사람이 확정한 것으로 알맞은 것을 고르세요.

① MT 숙소
② MT 장소
③ MT 교통편
④ MT 참가 인원

3. 들은 내용과 같으면 ○, 다르면 × 하세요.

1) MT 참가자는 30명이다. ( )
2) 설악산에 MT를 간 적이 있다. ( )
3) 중간시험 이후에 사전 답사를 간다. ( )

 경주　　　　설악산　　　과　　　　단풍　　　사전 답사　　숙소　　　교통편
정하다　　　물론　　　벌써/이미　　넘다　　참가자　　　한　　　정도
예산을 짜다

**들으면서
말해 봅시다**

1부 2과 2-2

1부 2과 2-3

1. 1) 우리 과에서는 설악산에 한 번도 안 가 보기도 했고 가을 단풍은 설악산이 유명하기도 하니까 설악산에 가 보자.

2) 우리 과 MT로 설악산에 가 본 적도 없고 가을이니까 설악산이 좋을 것 같아.

2. 1) 벌써 30명이 넘었어.

2) 이미 30명이 넘었어.

**함께 이야기해
봅시다**

학과 MT를 가려고 합니다. MT 장소로 어디가 좋을까요? 다음 표를 완성하면서 친구들과 이야기해 보세요.

	누구	MT 추천 장소	추천 이유
1	나		
2			
3			

이번 MT는 _____가는 게 좋을 것 같아.

_____ 은 / 는 _____ 기 도

하고_____기 도 해서 이번에 가면 좋을 것

같아.

듣고 말하기 ❸

★ ★ ☆

이야기해 봅시다

1. 다음을 보고 알 수 있는 것은 무엇입니까?

2. 여러분 나라에서도 성인이 되는 사람을 위해 특별한 행사를 합니까?

잘 들어 봅시다

1부 2과 3-1

1. 들으면서 중요한 어휘를 써 보세요.

성년의 날	지역	향교	전통	성년식	한복	• 옛날부터
곱다	차려입다	체험	소감	더욱	뜻깊다	• 예로부터
전하다	내려오다	사실	직접	갓	색다르다	• 예나 지금이나
기회						

2. 성년의 날이 언제인지 표시하세요.

5 / MAY						
S	M	T	W	T	F	S
						1
2	3	4	5	6	7	8
9	10	11	12	13	14	15
16	17	18	19	20	21	22
23	24	25	26	27	28	29
30	31					

3. 들은 내용과 같으면 ○, 다르면 × 하세요.

1) 성년식에서 남자는 갓을 쓴다. ( )

2) 한국대학교에서 성년식 체험을 하였다. ( )

3) 성년식 체험은 남자가 한국에 와서 처음으로 한 문화 체험이다. ( )

4. 들은 내용을 정리해 보세요.

한국대학교의 외국인 학생들이 성년의 날을 _____ 향교에서 전통 _____ 했다. 우즈베키스탄에서 _____ 자보키르는 처음으로 하게 된 한국 문화 _____ 성년식이라서 더욱 _____ 하였다. 처음에는 성년식이 _____ 몰랐지만 한복도 입고 갓도 쓰고 직접 _____ 해 보니 성년식에 대해 잘 알게 되었다고 하였다.

들으면서 말해 봅시다

1. 1) 성년의 날을 맞아 향교에서 전통 성년식을 하였습니다.

2) 성년의 날을 맞이하여 향교에서 전통 성년식을 거행하였습니다.

2. 1) 유학생을 만나 성년식 체험 소감을 한번 들어 볼까요?

2) 유학생의 성년식 체험 소감을 한번 들어 보겠습니다.

3) 성년식에 참여한 유학생의 체험 소감을 한번 들어 보도록 하겠습니다.

여러분 나라의 성년의 날은 언제입니까? 성년의 날에 성년식을 합니까? 다음 표를 완성하면서 친구들과 이야기해 보세요.

	누구	나라	언제	무엇
1	나			
2				
3				

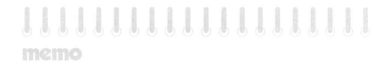

이야기해
봅시다

1. 다음을 보고 알 수 있는 것은 무엇입니까?

2. 여러분이 참여하고 싶은 행사가 있습니까? 그 이유는 무엇입니까?

잘 들어
봅시다

1부 2과 4-1

1. 들으면서 중요한 어휘를 써 보세요.

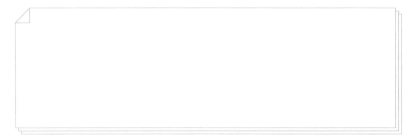

국제	교류	팀	행사	체험하다	전통주	담그다
떡	시식	지역	거주하다	근로자	결혼이민자	서로
교류하다	우정을 쌓다	관심이 있다	이외	나누다	소책자	소개되다/소개하다
참여하다	새롭다	경험을 하다	친목	도모하다	추가	궁금하다

2. 들은 내용의 주요 내용으로 알맞은 것을 고르세요.

① 유학생 친목 도모 방법

② 유학생 축구단 모집 안내

③ 유학생을 위한 행사 안내

④ 유학생의 문화 체험 소개

3. 들은 내용과 같으면 ○, 다르면 ✕ 하세요.

1) 축구 대회는 외국인 유학생만 참여할 수 있다. ( )

2) 소책자에는 다양한 행사들에 대해 소개되어 있다. ( )

3) 학교에서 외국인 유학생을 위해 다양한 행사를 준비하고 있다. ( )

4. 들은 내용을 정리해 보세요.

우리 학교에는 외국인 유학생들이 참여할 수 있는 _____ 행사가 있다. 먼저 한국 음식 문화 _____ 한국 음식을 만들고 _____ 수 있다. 그리고 외국인 축구 대회에서 유학생뿐만 아니라 이 지역에 _____ 외국인들이 축구를 하면서 서로 교류도 하고 _____ 쌓을 수 있다. 이외에도 다양한 _____ 있는데 이런 행사에 _____ 새로운 경험도 할 수 있고, 여러 나라 사람들과 _____ 도모할 수 있다.

들으면서
말해 봅시다

1부 2과 4-2

1. 1) 축구 경기를 통해 유학생뿐만 아니라 이 지역에 거주하는 외국인들이 서로 교류할 수 있습니다.

2) 축구 경기를 통해 유학생은 물론 이 지역에 거주하는 외국인들과 서로 교류합니다.

1부 2과 4-3

1부 2과 4-4

**함께 이야기해
봅시다**

2. 1) 축구에 관심이 있는 외국인이라면 누구든지 참여할 수 있습니다.

2) 축구에 관심이 있는 외국 학생이면 누구나 참가할 수 있습니다.

3. 1) 이외에도 다양한 행사들이 나눠 드린 소책자에 소개되어 있습니다.

2) 이밖에도 여러 행사들이 받으신 소책자에 적혀 있습니다.

여러분의 학교에 외국인 유학생을 위한 행사가 있습니까? 다음 표를
완성하면서 친구들과 이야기해 보세요.

	누구	행사명	행사 기간	행사 내용
1	나			
2				
3				

듣고 말하기 ❺

★ ★ ★

이야기해
봅시다

1. 다음을 보고 알 수 있는 것은 무엇입니까?

2. 여러분도 대회에 참가한 적이 있습니까? 어떤 대회에 참가했습니까?

잘 들어
봅시다

1부 2과 5-1

1. 들으면서 중요한 내용을 써 보세요.

대상	경영학과	우선	자기소개	부탁하다	부족하다	얼떨떨하다
유창하다	동기	지도 교수	적극적	추천	자신이 없다	응원하다
얻다	값지다	교류	배경	가지다	참자자	실력이 늘다
자신감을 얻다		감사	꼭			

2. 들은 내용의 주요 내용으로 알맞은 것을 고르세요.

　　① 말하기 대회의 장점

　　② 말하기 대회 우승 소감

　　③ 말하기 대회 준비 방법

　　④ 말하기 대회 참가 방법

3. 두 사람은 어떤 관계입니까?

　　① 친구

　　② 선배와 후배

　　③ 선생과 학생

　　④ 기자와 수상자

4. 들은 내용과 같으면 ○, 다르면 × 하세요.

　　1) 수지타는 인도네시아에서 왔다. 　　　　　　　　　　　（　　　）

　　2) 수지타는 말하기 대회에서 수상했다. 　　　　　　　　（　　　）

　　3) 이 말하기 대회에 한국 사람이 참가할 수 있다. 　　　（　　　）

5. 들은 내용을 정리해 보세요.

> 인도에서 온 수지타는 지난달 외국인 말하기 대회에서 _____ 받았다. 지도 교수님의 적극적인 _____ 대회에 나가게 되었다. 처음에는 한국어를 잘하지 못해서 자신이 없었지만 교수님이 도와주고 _____ 줘서 _____ . 대회를 통해서 수지타는 한국어 _____ 늘었고 여러 나라 친구들을 _____ . 그리고 자신감도 _____ 되었다.

들으면서 말해 봅시다

1부 2과 5-2

1부 2과 5-3

1. 1) 이 대회를 통해 한국어 실력이 늘었고 자신감도 얻게 되었습니다.

   2) 이 대회에 참가해서 한국어 실력은 물론 자신감도 생기게 되었습니다.

2. 1) 저를 많이 도와주신 지도 교수님께 감사 인사를 드리고 싶습니다.

   2) 저를 많이 도와주신 선생님들께 깊은 감사의 말씀을 드리고 싶습니다.

함께 이야기해 봅시다

참가해 보고 싶은 대회가 있습니까? 왜 그 대회에 참가하고 싶습니까? 다음 표를 완성하고 친구들과 이야기해 보세요.

	누구	대회명	참가하고 싶은 이유
1	나		
2			
3			

듣고 말하기 ❻

1. 다음을 보고 알 수 있는 것은 무엇입니까?

2. 여러분은 무슨 운동을 좋아합니까?

1부 2과 6-1

1. 들으면서 중요한 내용을 써 보세요.

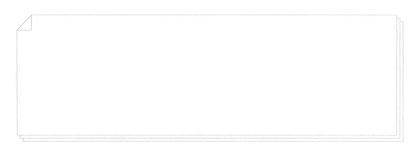

2. 이 내용은 언제 들을 수 있습니까?

　① 대회가 끝날 때

　② 대회가 시작할 때

　③ 대회를 준비할 때

　④ 대회 중 휴식 시간

제-	회	체육 대회	사회를 맡다	진행을 맡다	대표	열리다/열다
특별하다	축구	농구	이어달리기	줄다리기	종목	열정
재능	뽐내다	경기	경품	준비되다/준비하다	대상	
추첨	기대	개회식	이후	동시	진행되다/진행하다	
실내 체육관	시작되다/시작하다		예정	해당	모이다/모으다	준비 운동
철저히	부상	사고	주의하다	또/그리고	다과	즐기다
마련되다/마련하다		종료되다/종료하다		시상식		

3. 들은 내용으로 알 수 없는 것을 고르세요.

① 종목 소개

② 행사 목적

③ 사회자 소개

④ 전체 경기 일정

4. 들은 내용과 같으면 ○, 다르면 × 하세요.

1) 다양한 경기가 동시에 진행된다. ( )

2) 경기가 끝난 후에 경품 행사가 있다. ( )

3) 참가자들은 경기 시작 시간 두 시간 전까지 경기장에 가야 한다. ( )

5. 들은 내용을 정리해 보세요.

> 체육 대회는 유학생들의 _____ 도모를 위한 행사이다. 축구, 농구, 이어달리기 등 다양한 _____ 있다. 그리고 경기뿐만 아니라 다양한 행사와 _____ 준비되어 있다. _____ 이후에 여러 경기가 _____ 진행된다. 참가자들은 경기 시작 시간 20분 전까지 해당 _____ 모여야 한다. 시작 전에 준비 운동을 해서 _____ 사고가 없도록 _____ 한다. 모든 경기가 종료된 후에는 _____ 있다.

**들으면서
말해 봅시다**

1. 1) 저는 사회를 맡은 이지수입니다.

   2) 저는 사회를 보게 된 마이클이라고 합니다.

1부 2과 6-3

함께 이야기해 봅시다

2. 1) 부상이나 사고가 없도록 꼭 주의해 주세요.

 2) 끝까지 자리를 지켜 주시고 많은 응원 바랍니다.

체육 대회 일정표를 보고 여러분이 사회자가 되어 친구들에게 이야기해 보세요.

체육 대회 일정표

시간	프로그램
10:00	개회식
10:30	단체 줄넘기
12:00	점심 식사
13:00	축구 경기, 농구 경기
14:00	이어달리기
15:30	경품 추첨
16:00	시상식, 폐회식

안녕하세요? 체육 대회 사회를 맡은
_____ 입니다.

안녕하세요? 사회를 함께 보게 된
_____ (이)라고 합니다.

이번 체육 대회는 유학생들이 _____
위해 열리는 특별한 행사입니다.

이번 대회에서는 경기뿐만 아니라
_____ 많이 준비되어 있습니다.

체육 대회 일정에 대해 간단하게
안내 드리겠습니다.

_____ 에는 운동장에서
단체 줄넘기를 합니다.

정리

중요한 내용을
정리해 봅시다

듣고 말하기 1	
듣고 말하기 2	
듣고 말하기 3	
듣고 말하기 4	
듣고 말하기 5	
듣고 말하기 6	

자기 평가

무엇을
할 수 있어요?

1 학교 행사에 대한 안내를 듣고 이해할 수 있다.

2 학교 행사에 대해 설명할 수 있다.

3 학교 행사 안내에 자주 사용되는 표현을 익혀서
말할 수 있다.

memo

3 졸업하면 무슨 일을 하고 싶어요?

학습목표

- 적성과 진로에 대한 내용을 듣고 이해할 수 있다.
- 적성과 진로에 대해 설명할 수 있다.
- 적성과 진로 안내에 자주 사용되는 표현을 익혀서 말할 수 있다.

준비

다음을 보고 알 수 있는 것은 무엇입니까?

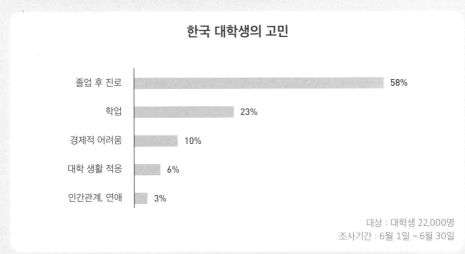

한국 대학생의 고민

졸업 후 진로	58%
학업	23%
경제적 어려움	10%
대학 생활 적응	6%
인간관계, 연애	3%

대상 : 대학생 22,000명
조사기간 : 6월 1일 ~ 6월 30일

1 한국 대학생들은 주로 무엇에 대해 고민합니까?

2 여러분의 고민은 무엇입니까?

듣고 말하기 ❶

이야기해 봅시다

1. 다음을 보고 알 수 있는 것은 무엇입니까?

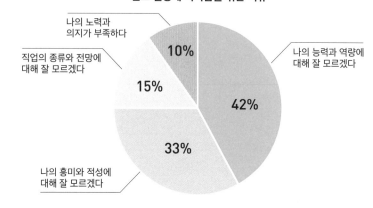

진로 결정에 어려움을 겪는 이유

- 나의 노력과 의지가 부족하다 **10%**
- 직업의 종류와 전망에 대해 잘 모르겠다 **15%**
- 나의 능력과 역량에 대해 잘 모르겠다 **42%**
- 나의 흥미와 적성에 대해 잘 모르겠다 **33%**

2. 여러분은 진로를 정했습니까? 앞으로 무슨 일을 하고 싶습니까?

잘 들어 봅시다

1부 3과 1-1

1. 들으면서 중요한 어휘를 써 보세요.

인생	매우	설계하다	실천하다	진로	결정되다/결정하다	
교과/비교과	마련하다	필수적	상담하다	전반적	진단하다	• 보람차다
탐색	시간을 갖다	이수하다	체계적	연계되다/연계하다		• 보람이 있다
반드시	필수	학년별	정하다	그대로	신청하다	• 보람을 느끼다

2. 다음에 이어질 내용으로 알맞은 것을 고르세요.

　① 취업 컨설팅 프로그램

　② 진로 탐색 교과 프로그램

　③ 4학년 진로 탐색 프로그램

　④ 진로 탐색 비교과 프로그램

3. 들은 내용과 같으면 ○, 다르면 × 하세요.

　1) 진로 탐색 수업은 모두 비교과 프로그램이다.　　　　　　　(　)

　2) 학년별로 들어야 하는 진로 탐색 프로그램이 다르다.　　　　(　)

　3) 학생들의 진로 탐색을 도와주는 프로그램이 다양하다.　　　(　)

**들으면서
말해 봅시다**

1부 3과 1-2

1. 1) 우리 학교에서는 학생들이 진로를 찾는 데 도움을 주기 위해 여러 가지 프로그램을 마련하고 있습니다.

　2) 우리 학교에는 학생들의 진로 탐색을 위한 프로그램이 있습니다.

　3) 우리 학교에서는 다양한 프로그램을 통해 학생들의 진로 탐색을 돕고 있습니다.

1부 3과 1-3

2. 1) 여러분은 학교에서 학년별로 정해 준 교과목을 그대로 신청하면 됩니다.

　2) 여러분은 학교에서 학년에 따라 정해 준 교과목대로 신청하세요.

함께 이야기해 봅시다

여러분이 참여하고 싶은 진로 탐색 프로그램을 학교에서 찾아본 후 다음 표를 완성하면서 친구와 이야기해 보세요.

	누구	프로그램명	신청 방법	이유
1	나			
2				
3				

저는 _____을/를 신청하고 싶습니다. 이 프로그램은 _____. 이 프로그램을 신청하려면 _____아/어야 합니다.

memo

듣고 말하기 ❷

이야기해 봅시다

1. 다음을 보고 알 수 있는 것은 무엇입니까?

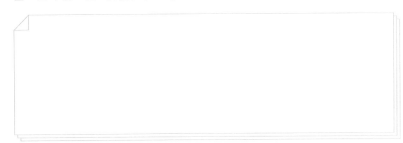

강점
(Strength)
S

약점
(Weakness)
W

2. 여러분의 강점과 약점은 무엇입니까?

잘 들어 봅시다

1부 3과 2-1

1. 들으면서 중요한 어휘를 써 보세요.

2. 들은 내용의 주요 내용으로 알맞은 것을 고르세요.

① SWOT의 장단점
② SWOT 분석 방법
③ SWOT 사례 분석
④ SWOT의 구성 성분

3. 들은 내용과 같으면 ○, 다르면 × 하세요.

1) SWOT은 강점, 약점, 기회, 위협을 뜻한다. ( )
2) 강점은 다른 사람과 비교했을 때 뛰어난 점을 말한다. ( )
3) 기회는 외부 환경에서 찾을 수 있는 부정적인 요소이다. ( )

SWOT(Strengths, Weaknesses, Opportunities, Threats)

					분석 방법	스스로	자신
객관적/주관적	탐색하다	결과	바탕	별로	간단히	조직
분석하다	전략을 세우다	도구	강점/약점/기회/위협	나타내다	단어
글자	이루어지다/이루다	비교하다	부분	우수하다	성과를 내다
살펴보다	반대	개선	필요하다	부족하다	발전	영역
파악하다	방향	바꾸다	성장하다	발전하다	기회	의미하다
외부 환경/내부 환경		긍정적/부정적	조건	어려움	요소	이제

들으면서
말해 봅시다

1부 3과 2-2

1부 3과 2-3

함께 이야기해
봅시다

1. 1) 강점은 여러분이 잘하는 것을 말합니다.

   2) 약점은 개선이 필요한 부분입니다.

   3) 기회는 나에게 주어진 성장과 발전의 기회를 의미합니다.

   4) 위협은 내가 만날 수 있는 어려움입니다.

2. 1) SWOT 분석이 무엇인지 이해했나요?

   2) SWOT 분석을 어떻게 하는지 알게 되었나요?

여러분의 SWOT 분석을 해 봤습니까? 다음 표를 완성하고 친구들에게 이야기해 보세요.

저의 강점은 _____.

그래서 _____을/를 잘합니다. 또한, _____(으)ㄴ/는

것도 저의 강점입니다. 그러나 저는 _____(으)ㄴ/는

것에 어려움을 겪습니다.

저는 현재 _____을/를 전공하고 있습니다. 그래서
_____(으)ㄹ 기회가 있습니다. 또한, _____.
_____기 때문에 위협이 될 수 있습니다.
_____기 위해 더 많은 노력이 필요합니다.

듣고 말하기 ❸ ★ ★ ☆

이야기해 봅시다

1. 여러분은 대학을 졸업하면 무엇을 하고 싶습니까?

대학원
진학

취업

사업

2. 그 일을 하기 위해서 어떤 계획을 세우고 있습니까?

잘 들어 봅시다

1부 3과 3-1

1. 들으면서 중요한 어휘를 써 보세요.

2. 들은 내용의 주요 내용으로 알맞은 것을 고르세요.
   ① 자격증 추천
   ② 경험의 필요성
   ③ 인턴의 중요성
   ④ 진로 탐색 방법

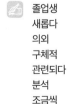

졸업생	진로	고민	경험	살리다/살다	중심
새롭다	낯설다	느끼다	적응하다	익숙해지다/익숙하다	
의외	도전하다	적성	인간관계	넓히다/넓다	자산
구체적	흥미	정확히	검사를 받다	도움이 되다	분야
관련되다	취업	정리하다	특히	빅 데이터(Big Data)	
분석	한국사	가산점	관심이 있다	인턴	지원하다
조금씩	감이 잡히다				

• 자격증을 받다
• 자격증을 따다
• 자격증을 취득하다

3. 들은 내용과 같으면 ○, 다르면 × 하세요.

1) 학교 선배가 하는 특강이다. ( )

2) 진로 적성 검사를 하면 취업할 때 가산점이 있다. ( )

3) 신입생은 학교생활에 잘 적응하는 것이 중요하다. ( )

4. 들은 내용을 정리해 보세요.

> 대학 생활을 하면서 먼저 다양한 경험을 해 보고 학교생활에 _____ 것이 중요하다. 그리고 _____ 대해 고민해 보고 진로 적성 검사를 받아 자신의 _____ 흥미를 정확히 알고 있는 것이 좋다. 또한 관심 있는 _____ 있으면 준비하는 것도 추천한다. 자격증이 있으면 취업할 때 _____ 주는 회사가 많이 있다. _____ 활동을 통해 하고 싶어 하는 일을 직접 _____ 보는 것도 좋은 방법이다.

들으면서 말해 봅시다

1부 3과 3-2

1. 1) 대학에 다니는 동안 꼭 했으면 하는 것을 중심으로 이야기하고자 합니다.

2) 대학 생활을 주제로 이야기하려고 합니다.

1부 3과 3-3

2. 1) 1학년은 모든 것이 새롭고 낯설 수밖에 없습니다.

2) 신입생은 모든 것이 새롭고 낯설기만 합니다.

1부 3과 3-4

3. 1) 인턴 활동을 통해 여러분이 하고 싶어 하는 일을 경험해 볼 수 있습니다.

2) 인턴 활동을 통한 경험이 실무에 도움이 될 것입니다.

3) 인턴 활동으로 업무 현장에서 실무를 경험할 수 있습니다.

함께 이야기해
봅시다

여러분은 졸업 후에 무슨 일을 하고 싶습니까? 다음 표를 완성하면서 친구들과
이야기해 보세요.

	누구	원하는 직업	이유
1	나		
2			
3			

memo

듣고 말하기 ❹

1. 다음을 보고 알 수 있는 것은 무엇입니까?

대학생 진로 캠프

- 대기업 및 공공기관 취업 정보 제공
- 자기소개서 1:1 컨설팅
- 모의 면접 실습

2. 여러분은 진로 캠프에 참가해 본 적이 있습니까?

1. 들으면서 중요한 어휘를 써 보세요.

1부 3과 4-1

대상	진로	탐색	개최하다	예정	실용적	역량을 강화하다
준비되다/준비하다		멘토링(mentoring)		실제 현장	모시다	기업
직무	궁금하다	해소하다	토크쇼(talk show)		진행되다/진행하다	
형식	꿀팁(Tip)	소개되다/소개하다		취업 전략	입사 지원서	작성법
모의 면접/모의 시험		유용하다	꼭	취업 준비생	헤어(hair)	메이크업(Makeup)
전문가	사진작가	도움을 청하다				

2. 들은 내용으로 알 수 없는 것을 고르세요.

① 진로 캠프 신청 방법

② 진로 캠프 진행 형식

③ 진로 캠프 참여 대상

④ 진로 캠프 프로그램 구성

3. 들은 내용과 같으면 ○, 다르면 × 하세요.

1) 진로 캠프는 학기 중에 한다. ( )

2) 취업 멘토링 프로그램은 동영상 강의로 진행된다. ( )

3) 1학년을 대상으로 하는 진로 탐색 프로그램이 개최되었다. ( )

4. 들은 내용을 정리해 보세요.

3, 4학년을 _____ 하는 진로 캠프가 이번 방학에 있을 예정이다. 실용적이고 취업 역량을 _____ 많은 프로그램이 준비되어 있다. 먼저 취업 멘토링 프로그램은 _____ 일하고 계신 분들과 직접 토크쇼 형식으로 진행하여 기업과 _____ 대해 물어보는 시간이다. 그리고 _____ 전략, 입사 지원서 작성법, 모의 _____ 등 취업을 _____ 있는 학생들에게 매우 _____ 프로그램이 많이 준비되어 있다.

들으면서
말해 봅시다

1부 3과 4-2

1. 1) 이번 방학에는 3, 4학년을 대상으로 하는 진로 캠프를 개최할 예정입니다.

2) 이번에는 3, 4학년이 참가할 수 있는 진로 캠프가 예정되어 있습니다.

2. 1) 취업 준비생이라면 꼭 참가하기를 바랍니다.

   2) 취업을 준비하는 학생들은 진로 캠프에 참가해 보는 건 어떨까요?

   3) 취업 준비를 하고 있다면 진로 캠프에 참가해 보는 것도 좋겠습니다.

함께 이야기해 봅시다

여러분은 왜 한국어를 배웁니까? 여러분이 하고 싶은 일을 하는 데 한국어가 필요합니까? 다음 표를 완성하면서 친구들과 이야기해 보세요.

	누구	졸업 후 진로	한국어를 배우는 이유
1	나		
2			
3			

듣고 말하기 ❺

⭐ ⭐ ⭐

1. 다음을 보고 알 수 있는 것은 무엇입니까?

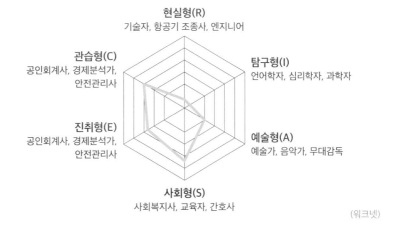

현실형(R)
기술자, 항공기 조종사, 엔지니어

탐구형(I)
언어학자, 심리학자, 과학자

관습형(C)
공인회계사, 경제분석가,
안전관리사

예술형(A)
예술가, 음악가, 무대감독

진취형(E)
공인회계사, 경제분석가,
안전관리사

사회형(S)
사회복지사, 교육자, 간호사

(워크넷)

2. 진로 적성 검사를 해 본 적이 있습니까?

1. 들으면서 중요한 어휘를 써 보세요.

1부 3과 5-1

심리 검사	이전	언급하다	선호도	흥미	유형	적합하다
알아보다	자세히	설명하다	측정하다	토대	제시하다	이론
언급하다	분류	근거하다	특징	직종	활동적	기술자
조종사	엔지니어	적성에 맞다	관찰하다	탐구하다	사고하다	언어학자
심리학자	과학자	창의적	변화를 추구하다		예술가	음악가
무대 감독	추천하다	교류하다	협력하다	사회복지사	교육자	간호사
적합하다	목표를 정하다	성취하다	이끌다	조직적	안정적	체계적
공인회계사	경제분석가	안전관리사	시간제한	깊다/얕다	문항	답하다

2. 들은 내용으로 알 수 없는 것을 고르세요.

① 검사 방법

② 유형별 특징

③ 검사 개발자 이름

④ 유형별 대표 직업

3. 관계있는 것끼리 연결하세요.

1) 관습형 •　　　　　　　　• 기술자, 조종사, 엔지니어

2) 사회형 •　　　　　　　　• 예술가, 음악가, 무대 감독

3) 진취형 •　　　　　　　　• 사회복지사, 교육자, 간호사

4) 예술형 •　　　　　　　　• 언어학자, 심리학자, 과학자

5) 탐구형 •　　　　　　　　• 기업 경영인, 정치가, 판매원

6) 현실형 •　　　　　　　　• 공인 회계사, 경제 분석가, 안전 관리사

4. 들은 내용과 같으면 ○, 다르면 × 하세요.

1) 직업 선호도 검사는 유료이며 누구나 할 수 있다. 　　　　(　)

2) 직업 선호도 검사는 홀랜드 흥미 유형 분류에 기반을 두었다. 　(　)

3) 직업 선호도 검사를 통해 자신에게 적합한 직업을 알 수 있다. 　(　)

5. 들은 내용을 정리해 보세요.

직업 선호도 _____ 전 세계적으로 많이 사용되는 홀랜드의 흥미 유형 분류에 _____ 두고 있다. 이 검사는 개인의 _____ 측정한 것을 _____ 흥미 유형을 _____ 준다. 흥미 유형은 현실형, 탐구형, 예술형, 사회형, 진취형, 관습형 등 6가지로 _____. 각 유형별로 개인에게 _____ 직업도 알 수 있다.

**들으면서
말해 봅시다**

1. 1) 이전에 언급한 것처럼 오늘은 직업 선호도 검사를 같이 해 볼 건데요.

   2) 앞 시간에서도 언급했듯이 오늘은 심리 검사를 진행해 보려고 합니다.

   3) 지난 시간에 설명한 바와 같이 우선 검사를 하고 검사 결과를 토대로
   상담을 진행하겠습니다.

2. 1) 흥미 유형은 홀랜드의 흥미 유형 분류에 근거해서 6가지로 나뉩니다.

   2) 이 검사는 전 세계적으로 많이 사용되는 이론에 기초하여 개발되었습니다.

   3) 이 검사는 6가지 흥미 유형 분류에 기반을 두고 있습니다.

**함께 이야기해
봅시다**

워크넷 홈페이지(www.work.go.kr)에서 직업 선호도 검사를 해 보세요. 다음
표를 완성하면서 친구들과 이야기해 보세요.

누구	워크넷 검사 결과			
	좋아하는 것	싫어하는 것	성격	추천 직업
1 나				
2				
3				

듣고 말하기 ❻

이야기해 봅시다

1. 다음을 보고 알 수 있는 것은 무엇입니까?

2. 여러분은 언제 학과 홈페이지를 찾아봅니까? 학과 홈페이지에서 무엇을 알 수 있습니까?

잘 들어 봅시다

1부 3과 6-1

1. 들으면서 중요한 내용을 써 보세요.

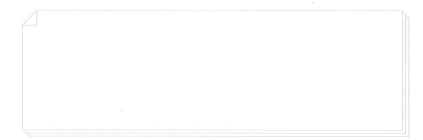

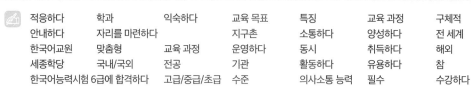

적응하다	학과	익숙하다	교육 목표	특징	교육 과정	구체적
안내하다	자리를 마련하다		지구촌	소통하다	양성하다	전 세계
한국어교원	맞춤형	교육 과정	운영하다	동시	취득하다	해외
세종학당	국내/국외	전공	기관	활동하다	유용하다	참
한국어능력시험 6급에 합격하다	고급/중급/초급	수준		의사소통 능력	필수	수강하다

2. 다음에 이어질 내용으로 알맞은 것을 고르세요.

　① 한국어 교원의 미래

　② 실제 한국어 교수법

　③ 학년별 이수 교과목

　④ 한국어교원자격증 취득 노하우

3. 외국인이 한국어교원자격증을 받기 위한 조건이 <u>아닌</u> 것을 고르세요.

　① 한국 국적 취득

　② 한국어 교육 전공자

　③ 한국어능력시험 6급 취득

　④ 한국어교육학과 교육 과정 이수

4. 들은 내용과 같으면 ○, 다르면 × 하세요.

　1) 이 학과를 졸업한 학생은 모두 자격증을 받는다.　　　　　(　)

　2) 이 학과에는 20년 이상 한국어를 가르친 교수님이 있다.　(　)

　3) 이 학과의 목표는 한국어교원자격증을 취득하는 것이다.　(　)

5. 들은 내용을 정리해 보세요.

> 한국어 교육 학과는 _____ 양성하기 위한 맞춤형 교육 과정을 _____ 있다. 필수 과목을 모두 _____ 학과 교육 과정을 잘 따라오면 졸업과 _____ 한국어 교원자격증을 _____ 수 있다 외국인 학생이 한국어 교원자격증을 _____ 한국어능력시험 6급에 _____ 한다. _____ 있으면 국내외 다양한 곳에서 한국어 교원으로 일할 수 있다.

**들으면서
말해 봅시다**

1부 3과 6-2

1부 3과 6-3

**함께 이야기해
봅시다**

1. 1) 대학 생활에 대해 몇 가지 안내하기 위해 이 자리를 마련했습니다.

   2) 오늘은 대학 생활에 필요한 것을 알려 주려고 만나자고 했습니다.

2. 1) 다들 잘 알다시피 우리 학과의 목표는 한국어 교육 전문가를 양성하는 것입니다.

   2) 다들 잘 알고 있듯이 우리 학과의 목표는 한국어 교육 전문가를 길러 내는 것입니다.

여러분의 전공은 무엇입니까? 여러분의 학과 홈페이지에서 교육 과정을 살펴보고 다음 표를 완성하면서 친구들과 이야기해 보세요.

	누구	학과	교육 과정	진로
1	나			
2				
3				

중요한 내용을
정리해 봅시다

듣고 말하기 1

듣고 말하기 2

듣고 말하기 3

듣고 말하기 4

듣고 말하기 5

듣고 말하기 6

자기 평가

무엇을
할 수 있어요?

1 적성과 진로에 대한 내용을 듣고 이해할 수 있다.

2 적성과 진로에 대해 설명할 수 있다.

3 적성과 진로 안내에 자주 사용되는 표현을 익혀서
말할 수 있다.

대학 수업의 기본

1과   다음 주에는 현장 실습을 합니다

2과   A+를 받는 비결이 뭐예요?

3과   팀 발표에서 무임승차를 하면 안 됩니다

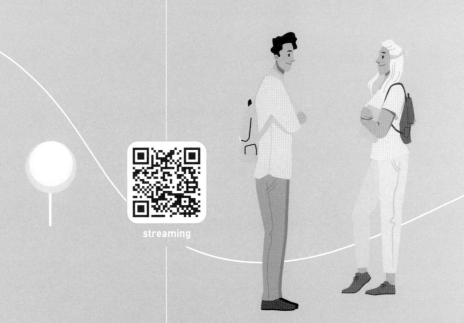

streaming

1 다음 주에는 현장 실습을 합니다

⊙ 수업에 대한 소개를 듣고 이해할 수 있다.

⊙ 자신이 듣는 수업에 대해 설명할 수 있다.

⊙ 수업 소개에 자주 사용되는 표현을 익혀서 말할 수 있다.

준비

다음을 보고 알 수 있는 것은 무엇입니까?

1 여러분은 수업 전에 무엇을 합니까?

2 수업 시간에 무엇이 필요합니까?

듣고 말하기 ❶

이야기해 봅시다

1. 다음을 보고 알 수 있는 것은 무엇입니까?

수업 계획서			
교과목명	학술적글쓰기	이수 구분	교양 필수
담당 교수	박수정	이수 단위	3학점
수업 시간	화, 목 13:30~15:00	수업 유형	대면(오프라인)
강의실	국제관 203호	E-MAIL	sjp@hku.ac.kr
면담 시간	월요일 14:00~16:00	연구실	국제관 301호

2. 수업에 대해 무엇을 더 알고 싶습니까?

잘 들어 봅시다

2부 1과 1-1

1. 들으면서 중요한 어휘를 써 보세요.

맡다	글로벌(global)	인재	성장하다	의사소통 능력	강화하다	차
기초	이론	체계적	익히다	다양하다	형태	실습하다
리포트	시험 답안	작성	내용	정리	교양 필수 과목	학점
교내	구입하다	안내되다/안내하다		이메일 주소	혹시	면담

2. 들은 내용의 주요 내용으로 알맞은 것을 고르세요.

　① 교과목 소개

　② 수업 방법 소개

　③ 교재 구입 방법 소개

　④ 시험 답안 작성 방법 소개

3. 들은 내용과 같으면 O, 다르면 X 하세요.

　1) 일주일에 이틀 수업을 한다.　　　　　　　　　　　　　(　)

　2) 7주차부터 글쓰기 이론 수업을 한다.　　　　　　　　(　)

　3) 이 수업은 리포트 작성에 도움이 된다.　　　　　　　(　)

들으면서 말해 봅시다

2부 1과 1-2

1. 1) 저는 학술적글쓰기 수업을 맡은 박수정입니다.

　2) 이번 학기에 학술적글쓰기 수업을 담당하는 박수정입니다.

2부 1과 1-3

2. 1) 이를 위해 글쓰기의 기초 이론을 체계적으로 익힙니다.

　2) 이를 바탕으로 다양한 형태의 글쓰기를 실습합니다.

2부 1과 1-4

3. 1) 수업에 늦지 말고 오시고요.

　2) 이메일로 미리 면담 시간을 정합시다.

함께 이야기해 봅시다.

여러분이 수강하고 있는 수업을 하나 선택해서 수업 계획서를 확인하세요. 다음 표를 완성하면서 친구들과 이야기해 보세요.

수업 계획서			
교과목명		이수 구분	
담당 교수		이수 단위	
수업 시간		수업 유형	
강의실		E-MAIL	
면담 시간		연구실	

저는 이번 학기에 _____을/를 듣습니다.

이 과목은 _____.

이 수업에서는 _____을/를 배웁니다.

____요일 ____부터 ____까지 ____에서 수업을 듣습니다.

memo

이야기해 봅시다

1. 여러분이 듣는 수업은 출석을 어떻게 확인합니까?

2. 관계있는 것끼리 연결하세요.

1) 결석 •   • 수업에 참여함

2) 조퇴 •   • 수업 시간에 늦음

3) 지각 •   • 수업에 참여하지 않음

4) 출석 •   • 수업을 끝까지 듣지 않음

잘 들어 봅시다

2부 1과 2-1

1. 들으면서 중요한 어휘를 써 보세요.

2. 들은 내용의 주요 내용으로 알맞은 것을 고르세요.

① 과제의 비중

② 시험의 유형

③ 수업 태도 점수

④ 출석 인정 범위

이어서	평가	알리다	이루어지다	각각	기본적	• 출석
스마트(smart)	출결	수시로	부르다	확인하다	이상	• 결석
처리되다/처리하다		자동	학과 행사	공식적	관련 서류	• 지각
제출하다	인정되다/인정하다					• 조퇴

3. 들은 내용과 같으면 O, 다르면 X 하세요.

1) 시험을 두 번 본다. ( )

2) 수업 시간에 이름을 부르지 않는다. ( )

3) 결석을 일곱 번 하면 F학점을 받는다. ( )

들으면서 말해 봅시다

2부 1과 2-2

1. 1) 평가는 시험, 출석, 과제로 이루어집니다.

2) 평가 항목은 시험, 출석, 과제로 구성됩니다.

2부 1과 2-3

2. 1) 지각 세 번은 결석 한 번이 됩니다.

2) 조퇴도 세 번 하면 결석 한 번으로 처리됩니다.

3) 몸이 아파서 일찍 나가는 경우는 조퇴입니다.

4) 학과 행사로 결석할 경우, 관련 서류를 제출하면 출석으로 인정됩니다.

3. 1) 다시 말해 지각이든 조퇴든 세 번 이상은 결석입니다.

2) 즉 지각이든 조퇴든 세 번 이상은 결석으로 처리됩니다.

2부 1과 2-4

함께 이야기해 봅시다

여러분이 듣는 수업은 어떻게 평가합니까? 여러분이 원하는 평가 방법은 무엇입니까? 다음 표를 완성하면서 친구들과 이야기해 보세요.

	누구	내가 듣는 수업의 평가 방법	내가 원하는 평가 방법
1	나		
2			
3			

저는 _____ 수업을 듣는데 이 수업은 시험이 _____번 있습니다. 시험은 _____, 출석은 _____, 과제는 10% 입니다. _____분 이상 늦으면 지각입니다. 그리고 _____. 저는 시험을 _____번 보면 좋겠습니다. 그리고 _____ (으)면 좋겠습니다.

그 이유는 _____ .

memo

듣고 말하기 ❸

이야기해 봅시다

1. 다음을 보고 알 수 있는 것은 무엇입니까?

건축학개론		
수업 계획서	**2주차**	
강의 자료실	1차시 ▶	건축의 역사
강의 콘텐츠	▶	건축과 공간
공지	▶	건축 조형
과제 및 평가	**3주차**	
문의 게시판	1차시 ▶	건축 설계
시험 및 설문	▶	건축 구조
	▶	건축 시공

2. 여러분은 LMS를 사용해 본 적이 있습니까? 언제 사용했습니까?

잘 들어 봅시다

2부 1과 3-1

1. 들으면서 중요한 어휘를 써 보세요.

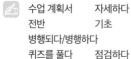

수업 계획서	자세하다	소개되다/소개하다		목표	건축가	역할
전반	기초	개념	중심	진행하다	반드시	대면/비대면
병행되다/병행하다		격주	LMS(Learning Management System)			동영상
퀴즈를 풀다	점검하다	스마트폰	확인하다			

2. 들은 내용의 주요 내용으로 알맞은 것을 고르세요.

    ① 수업 교재
    ② 수업 목표
    ③ 수업 방식
    ④ 수업 평가

3. 들은 내용과 같으면 O, 다르면 X 하세요.

    1) 과목의 이름과 교재의 이름이 같다.   (   )
    2) 비대면 수업을 들은 후에 퀴즈를 푼다.   (   )
    3) 대면 수업과 비대면 수업을 한 주에 같이 한다.   (   )

4. 들은 내용을 정리해 보세요.

> 수업 _____ 수업에 대해 자세하게 _____ 있다.
> 수업의 _____ 건축 전반에 대한 기초 _____
> 배우는 것이다. 교재를 중심으로 수업을 하니까 _____
> 필요하다. 이 과목은 _____ 대면과 _____
> 수업이 _____ . 수업을 다 듣고 _____ 풀어야
> 한다.

들으면서
말해 봅시다

2부 1과 3-2

1. 1) 수업의 목표는 건축의 기초 개념을 배우는 것입니다.
    2) 이 수업은 건축의 기초 개념 이해를 목표로 합니다.

2부 1과 3-3

2. 1) 대면 수업과 비대면 수업이 병행됩니다.
    2) 대면 수업과 비대면 수업을 병행합니다.

2부 1과 3-4

3. 1) 수업 계획서를 아직 못 본 학생들을 위해서 수업에 대해 간단히 소개
하겠습니다.

2) 이 수업은 교재를 중심으로 합니다.

3) 내용을 잘 이해하려면 비대면 수업을 꼭 듣고 와야 합니다.

함께 이야기해 봅시다

학교의 포털 사이트에서 여러분이 자주 사용하는 것과 자주 사용하지 않는 것을 확인해 보세요. 다음 표를 완성하면서 친구들과 이야기해 보세요.

	누구	자주 사용하는 것	자주 사용하지 않는 것
1	나		
2			
3			

저는 _____ (으)ㄹ 때 _____ 을/를 자주 사용합니다. _____ 은/는 _____ 아/어서 자주 사용하지 않습니다.

저는 _____ (으)려면 _____ 아/어야 해서 _____ 을/를 자주 사용합니다. _____ 은/는 _____ 아/어서 잘 사용하지 않습니다.

듣고 말하기 ❹ ★★☆

이야기해 봅시다

1. 여러분 학과의 전공 교과목에는 무엇이 있습니까?

2. 수강 신청한 전공 교과목은 무엇입니까?

잘 들어 봅시다

2부 1과 4-1

1. 들으면서 중요한 어휘를 써 보세요.

2. 들은 내용으로 알 수 없는 것을 고르세요.

① 상담 신청 방법
② 필수 이수 학점
③ 교수 상담 교과목
④ 필수 교과목과 선택 교과목의 구분

3. 들은 내용과 같으면 O, 다르면 X 하세요.

1) 지도 교수님과 일대일로 상담할 수 있다. ( )
2) 우리 학교에는 학습 방법을 안내하는 교과목이 있다 . ( )
3) 전공을 이수하기 위해서 교양 필수를 들어야 한다. ( )

학과장	비즈니스(Business)		슬기롭다	설명하다	수강 신청하다
교양	선택	필수	전공	구분되다/구분하다	
일단	의미하다	이수하다	전공과목	이수	학점
모자라다	문제	생기다	학업	수행하다	담당하다
개설되다/개설하다	일대일	지도	교수	상담	
그룹	진로	고민하다	부담	갖다	상의하다
성공적	설계하다				

- P/F 교과목
- 패스/페일 교과목
- 합격/불합격 교과목

4. 들은 내용을 정리해 보세요.

대학 생활을 _____ 잘하려면 알아야 할 것들이 있다. _____ 신청할 때 과목이 교양 선택, 교양 _____ , 전공 _____ , 전공 필수와 같이 구분되어 있다. 전공 필수는 전공을 _____ 위해 꼭 들어야 하는 과목이다.
필수 _____ 안 들었거나 _____ 모자라면 졸업할 수 없다. 지도 교수님과 _____ 상담하거나 _____ 상담할 수 있다.

들으면서 말해 봅시다

2부 1과 4-2

1. 1) 교양과목, 전공과목이 구분되어 있습니다.
   2) 전공 필수와 전공 선택 과목이 개설되어 있습니다.

2부 1과 4-3

2. 1) 학생들은 지도 교수님과 일대일로 상담할 수 있습니다.
   2) 학생들은 지도 교수님과 일대일 면담이 가능합니다.

2부 1과 4-4

3. 1) 필수 과목을 듣지 않으면 졸업하는 데 문제가 생깁니다.
   2) 대학생활설계 과목은 진로를 설계하는 데 도움이 됩니다.

함께 이야기해 봅시다

이번 학기에 듣는 교과목은 무엇입니까? 그 과목은 전공과목입니까? 교양 과목입니까? 다음 표를 완성하면서 친구들과 이야기해 보세요.

	누구	교과목명	전공/교양	필수/선택
1	나			
2				
3				

memo

다음 주에는 현장 실습을 합니다

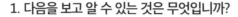

듣고 말하기 ❺ ★ ★ ★

1. 다음을 보고 알 수 있는 것은 무엇입니까?

가

나

2. 여러분은 실습수업을 들어 본 적이 있습니까?

2부 1과 5-1

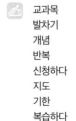

1. 들으면서 중요한 내용을 써 보세요.

2. 들은 내용의 주요 내용으로 알맞은 것을 고르세요.

① 과제 제출
② 수강 신청
③ 교과목 소개
④ 선수 과목 소개

교과목	수련생	유급자	단계	수행하다	기본	손동작
발차기	점프	격파	태권	체조	학습하다	기술
개념	방법	익히다	실기	지도	원리	동작
반복	능력	기르다	지도자	역량	선수 과목	수강하다
신청하다	확인하다	평가하다	실기시험	예정	과제	원리
지도	A4 용지	분량	LMS(Learning Management System)			제출하다
기한	내다	도복	착용하다	태도	점수	감점하다
복습하다						

3. 다음 시간에 학습할 내용을 고르세요.

　① 막기 동작

　② 서기 동작

　③ 구르기 동작

　④ 발차기 동작

4. 들은 내용과 같으면 ○, 다르면 × 하세요.

　1) 중간시험은 이론 중심으로 평가한다.　　　　　　　　（　　）

　2) 수업 시간에 입어야 할 옷이 정해져 있다.　　　　　　（　　）

　3) 선수 과목을 수업 계획서에서 확인할 수 있다.　　　　（　　）

5. 들은 내용을 정리해 보세요.

전공 선택 과목으로 수련생이 유급자 단계에서 _____ 할 서기와 손동작, _____, 점프, 구르기, 격파, 태권 _____ 학습한다. 각 동작에 대한 _____ 방법을 소개하고 동작을 반복 _____ 태권도의 기본 기술 이론과 _____ 능력을 기르도록 한다. 그리고 _____ 다른 학생들에게 _____ 가르치며 지도자로서의 _____ 길러 낸다.

듣으면서
말해 봅시다

2부 1과 5-2

1. 1) 이 과목을 통해서 지도자로서의 역량도 기를 수 있습니다.

　2) 이 과목은 지도자로서 필요한 능력을 갖추도록 돕는 과목입니다.

2부 1과 5-3

2부 1과 5-4

2부 1과 5-5

2. 1) 열두 가지 막기 동작을 각각 소개합니다.

   2) 열두 가지 막기 동작을 하나씩 해 보겠습니다.

   3) 열두 가지 막기를 동작별로 시범을 보이겠습니다.

3. 1) 정해진 복장을 착용해야 합니다.

   2) 정해진 복장을 갖추어야 합니다.

4. 1) 기한 안에 제출해야 합니다.

   2) 기한 내에 제출하지 않으면 안 됩니다.

함께 이야기해 봅시다

1. 여러분이 배우고 싶은 실습수업이 있습니까?

2. 실습수업을 왜 듣고 싶은지 다음 표를 완성하면서 친구와 함께 이야기해 보세요.

		실습수업	이유
1	나		
2			
3			

듣고 말하기 ❻ ★ ★ ★

이야기해 봅시다

1. 다음을 보고 알 수 있는 것은 무엇입니까?

학년	1학기			
	교과목	학점	이론	실습
3	미디어메이크업	3	2	2
	비만체형관리	3	2	2
	네일아트	2	1	2
	헤어스타일링	2	1	2

2. 여러분은 이론 수업과 실습수업 중에서 무엇을 더 좋아합니까?

잘 들어 봅시다

2부 1과 6-1

1. 들으면서 중요한 어휘를 써 보세요.

실습수업　　직접　　　　현장　　　　실습　　　　현장　　　　기대　　　　동시
투입되다/투입하다　　　당황하다　　해내다　　　진행　　　　방식　　　　잠깐
이론　　　　사례　　　　토론　　　　대처　　　　돌발 상황　　대비하다　　기관
배정되다/배정하다　　　전문　　　　미용/미용사　역할　　　　수행하다　　평가
LMS(Learning Management System)　　작성하다　　일지　　　　제출하다　　공유하다
피드백　　　점검하다　　마무리하다　게시판

2. 들으면서 주요 일정을 써 보세요.

1) 1~3주차

2) 4~6주차

3. 들은 내용으로 알 수 없는 것을 고르세요.

① 실습 일정
② 실습 기관명
③ 수업 진행 방법
④ 수업 평가 방법

4. 들은 내용과 같으면 ○, 다르면 × 하세요.

1) 이 과목은 이론 중심의 수업을 한다. ( )
2) 실습 기관에서 미용사로서의 역할 수행을 평가한다. ( )
3) 실습 전에 사례를 학습하는 것은 현장에서 도움이 된다. ( )

5. 들은 내용을 정리해 보세요.

이 수업은 직접 _____ 나가서 실습을 하는 _____ 과목이라 _____ 수업과는 _____ 방식이 다르다. 총 16주 중에서 1주차부터 3주차까지 실습 현장에서 도움이 될 만한 _____ 학습한다. 4주차부터 6주차까지 3주 동안은 미용 현장에서 전문 _____ 어떤 역할을 _____ 하는지 경험하고 실습 기관에서 _____ 받게 된다. 8주차부터 14주차까지는 현장에서 느낀 것을 _____. 피드백을 통해 실습을 _____.

들으면서 말해 봅시다

1. 1) 실습 과목이라서 이론 수업과 진행 방식이 다릅니다.

   2) 실습 과목이므로 이론 수업과 다르게 진행됩니다.

   3) 실습 과목인 만큼 이론 수업과 다른 방법으로 진행됩니다.

   4) 실습 과목이기 때문에 진행 방식이 이론 수업과 차이가 있습니다.

2. 1) 현장에서 도움이 될 만한 사례를 소개하려고 합니다.

   2) 현장에서 도움이 될 수 있는 사례를 주로 다룹니다.

3. 1) 졸업 후에 현장에 바로 투입되더라도 당황하지 않을 겁니다.

   2) 우선 실습을 나가기 전에 선행 과제가 있는데요.

   3) 실습 과목이라고 해서 실습만 하는 건 아닙니다.

함께 이야기해 봅시다

여러분 학과의 교육 과정을 알고 있어요? 학과 홈페이지에서 교육 과정과 학년별 교과목을 찾아봅시다. 가장 관심이 있는 과목이 무엇인지 다음 표를 완성하면서 친구들과 이야기해 보세요.

	누구	학과	가장 관심 있는 과목
1	나		
2			
3			

정리

중요한 내용을
정리해 봅시다

듣고 말하기 1	
듣고 말하기 2	
듣고 말하기 3	
듣고 말하기 4	
듣고 말하기 5	
듣고 말하기 6	

자기 평가

무엇을
할 수 있어요?

1 수업에 대한 소개를 듣고 이해할 수 있다.

2 자신이 듣는 수업에 대해 설명할 수 있다.

3 수업 소개에 자주 사용되는 표현을 익혀서 말할 수 있다.

2 A+를 받는 비결이 뭐예요?

학습목표

◎ 학업 능력 향상 방법에 대한 설명을 듣고 이해할 수 있다.

◎ 자신의 학업 능력 향상 방법에 대해 설명할 수 있다.

◎ 학업 능력 향상 방법 소개에 자주 사용되는 표현을 익혀서 말할 수 있다.

준비

다음을 보고 알 수 있는 것은 무엇입니까?

1 고등학교 때 공부 방법과 지금 여러분의 공부 방법에 차이가

있습니까?

2 여러분은 주로 어디에서, 어떻게 공부를 합니까?

듣고 말하기 ❶

이야기해
봅시다

1. 수업 시간에 주로 어디에 앉습니까?

2. 수업 시간에 적극적으로 질문을 합니까? 보통 언제 질문을 합니까?

잘 들어
봅시다

2부 2과 1-1

1. 들으면서 중요한 어휘를 써 보세요.

2. 들은 내용의 주요 내용으로 알맞은 것을 고르세요.

① 과제를 하는 방법

② 성적을 잘 받는 방법

③ 수업 시간에 앉는 위치

④ 교과목을 선택하는 방법

3. 들은 내용과 같으면 ○, 다르면 × 하세요.

1) 강의를 잘 듣기 위해 앞자리에 앉는 것이 좋다. ( )

2) A+를 받으려면 수업이 끝나자마자 도서관에 가야 한다. ( )

3) 강의를 듣다가 궁금한 것이 있으면 다음 수업 시간에 물어본다. ( )

선배/후대	도대체	비결	과목	제일/가장	결석하다	동안
결석하다/출석하다		앞자리/뒷자리		집중하다	궁금하다	생기다
그날	바로	해결하다	성실하다	태도	내용	실천하다

들으면서
말해 봅시다

2부 2과 1-2

2부 2과 1-3

1. 1) 모두 A+ 받으셨다면서요?

   2) 도대체 비결이 뭐예요?

2. 1) 누구나 다 알고 있는 내용이겠지만 실천하는 게 가장 중요해.

   2) 알고 있는 대로 실천하는 것이 중요해.

   3) 알고 있는 것을 그대로 실천하는 것이 중요해.

   4) 알고 있는 것을 실천하지 않으면 아무 소용없어.

함께 이야기해
봅시다

여러분이 참여하고 싶은 진로 탐색 프로그램을 학교에서 찾아보세요. 그리고 다음 표를 완성하면서 친구와 이야기해 보세요.

	누구	공부 방법
1	나	
2		
3		

저는 공부를 할 때 보통 _____.

공부 방법이 다양하지만 _____(으)면

제일 기억에 오래 남습니다.

듣고 말하기 ❷

**이야기해
봅시다**

1. 지난 시간에 공부한 것을 복습했습니까? 중요한 내용이 무엇이었습니까?

2. 오늘 공부할 것을 예습했습니까? 무엇을 예습했습니까?

**잘 들어
봅시다**

2부 2과 2-1

1. 들으면서 중요한 어휘를 써 보세요.

2. 들은 내용의 주요 내용으로 알맞은 것을 고르세요.

① 예습하는 방법
② 메모하는 방법
③ 수업을 듣는 방법
④ 어휘를 공부하는 방법

3. 들은 내용과 같으면 ○, 다르면 × 하세요.

1) 수업 내용을 모두 메모한다. ( )
2) 수업 듣기 기술에 대해서 알려 준다. ( )
3) 예습과 복습 중에서 예습이 더 중요하다. ( )

과목	우선	내용	예습하다/복습하다		어휘
나오다	이해하다	다음	부분	잊다	메모하다
자신	기호	기억에 남다	마지막	바로	중심
만일/만약	추천하다	오래	꾸준히	실천하다	점점

• 하나씩
• 한 명씩
• 두 명씩

2부 2과 2-2

2부 2과 2-3

1. 1) 대학교 수업 듣기가 쉽지 않지요?

   2) 대학교 수업 듣기가 쉽지 않아요.

   3) 대학교 수업을 이해하기가 어렵습니다.

2. 1) 만일 예습과 복습을 모두 할 시간이 없다면 둘 중 무엇을 하면 좋을까요?

   2) 만약 시간이 없으면 예습과 복습 중 무엇을 하면 좋을까요?

함께 이야기해
봅시다

오늘 들은 수업에서 중요한 내용이 무엇인지 이야기해 보세요. 다음 표를
완성하면서 친구들과 이야기해 보세요.

	누구	교과목	중요한 내용
1	나		
2			
3			

저는 오늘 _____ 수업을 들었습니다. 그 수업에서

_____에 대해서 배웠습니다.

오늘 수업 중에서 _____이 / 가 가장

중요하다고 생각합니다.

듣고 말하기 ❸

이야기해 봅시다

1. 여러분은 요즘 한국어 공부를 어떻게 합니까?

2. 한국어능력시험을 본 적이 있습니까? 한국어능력시험을 어떻게 준비 했습니까?

잘 들어 봅시다

2부 2과 3-1

1. 들으면서 중요한 어휘를 써 보세요.

2. 들은 내용의 주요 내용으로 알맞은 것을 고르세요.
   ① 한국어 공부 비결
   ② 발표를 잘하는 방법
   ③ 토픽 6급에 합격하는 방법
   ④ 예능 프로그램을 즐기는 방법

3. 들은 내용과 같으면 ○, 다르면 × 하세요.
   1) 여자는 한국어능력시험 6급을 준비하고 있다. ( )
   2) 여자는 누구를 만나든 한국어로만 이야기를 했다. ( )
   3) 여자는 한국어 드라마를 보면서 출연자들의 말을 듣고 따라했다. ( )

발표하다	합격하다	도움이 되다	소개하다	방법	공유하다	원래
드라마	예능 프로그램	지겹다	지치다	출연자	따라 하다	익숙해지다
배속	속도	빠르다	게다가	억양	최소/최대	외우다
목표	어떤	무조건	계속	노력하다	마지막	꾸준히

4. 들은 내용을 정리해 보세요.

한국어를 _____ 위해서는 우선, _____ 드라마나 예능 프로그램을 시청하며 듣고 _____ 것이 중요하다. 이 방법으로 한국어 _____ 자연스럽게 습득할 수 있다. 그리고 좋아하는 _____ 하루에 최소 3문장씩 _____ 항상 한국어로만 _____ 노력해야 한다. 마지막으로, 앞에서 말한 방법을 매일 _____ 하는 것이 제일 중요하다.

**들으면서
말해 봅시다.**

2부 2과 3-2

1. 1) 시간이 없더라도 매일 한국어 공부를 30분씩 했습니다.
   2) 아무리 시간이 없어도 한국어를 30분씩 공부했습니다.

2부 2과 3-3

2. 1) 매일 꾸준히 공부해야 됩니다.
   2) 반드시 한국어로 이야기해야 합니다.

한국어를 공부할 때 어려웠던 점과 어려움을 해결한 방법에 대해 다음 표를
완성하면서 친구들과 이야기해 보세요.

	누구	가장 어려웠던 점	해결 방법
1	나		
2			
3			

memo

듣고 말하기 ❹

⭐ ⭐ ☆

이야기해 봅시다

1. 한국어로 글을 자주 씁니까?

2. 한국어로 보고서를 써 본 적이 있습니까?

잘 들어 봅시다

2부 2과 4-1

1. 들으면서 중요한 어휘를 써 보세요.

2. 들은 내용의 주요 내용으로 알맞은 것을 고르세요.
  ① 보고서의 필요성
  ② 보고서 작성 방법
  ③ 보고서 개요의 중요성
  ④ 보고서 자료 수집 방법

3. 들은 내용과 같으면 ○, 다르면 × 하세요.
  1) 보고서는 언제든지 LMS로 제출할 수 있다.　　　　(　)
  2) 기말 보고서를 다음 주까지 내야 해야 한다.　　　　(　)
  3) 보고서는 초안을 작성한 후 계속 수정해야 한다.　　(　)

기말보고서	제출하다	별로	작성 방법	내주다	주제	관계가 있다
내용	찾다	여러분	파악하다	주제에 맞다	자료	모으다
양식	표지	제목	교과목명	목차	본문	참고문헌
지키다	작성하다	서론	본론	결론	간단히	개요
초안	자료	정리하다	완성하다	높이다	검토하다	수정하다
과정	부족하다	보충하다	마감 기한	지키다	아무리	제출하다
물론	이후	LMS(Learning Management System)		등록하다	기억하다

4. 들은 내용을 정리해 보세요.

> 보고서를 쓸 때는 보고서의 _____ 파악하는 것이 중요하다.
> 그다음에 주제에 맞게 _____ 수집한 후 _____ 작성해야
> 한다. 작성한 개요를 바탕으로 _____ 쓴 다음 검토하고
> _____ 과정이 필요하다. 무엇보다 중요한 것은 _____
> 맞추어 쓰는 것과 보고서의 _____ 기한을 잘 지키는 것이다.

들으면서 말해 봅시다

2부 2과 4-2

1. 1) 그 말은 한국의 문화에 대해 찾아야 한다는 뜻입니다.
   2) 그것은 한국의 문화에 대한 내용을 써야 한다는 것을 의미합니다.

2부 2과 4-3

2. 1) 보고서 제출 마감 기한 이후에는 LMS에 보고서를 등록할 수 없습니다.
   2) 보고서는 마감 기한 전에 제출해야 됩니다.

함께 이야기해 봅시다

대학 수업에서 한국어로 자기소개서, 감상문, 보고서 등의 과제를 해 본 적이
있습니까? 무슨 수업에서 써 봤습니까? 그때 꼭 지켜야 할 것이 있었습니까?
다음 표를 완성하면서 친구들과 이야기해 보세요.

	누구	교과목	과제	유의 사항
1	나			
2				
3				

듣고 말하기 ❺

★ ★ ★

이야기해
봅시다

1. 여러분은 다른 사람 앞에서 발표하는 것을 좋아합니까?

2. 언제 발표를 해 봤습니까?

잘 들어
봅시다

2부 2과 5-1

1. 들으면서 중요한 어휘를 써 보세요.

2. 들은 내용의 주요 내용으로 알맞은 것을 고르세요.

① 청중의 역할
② 연습의 필요성
③ 발표를 잘하는 방법
④ 정보를 전달하는 방법

3. 관계있는 것끼리 연결하세요.

1) 도입부 •   • 발표의 핵심 내용 전달

2) 전개부 •   • 발표 내용 요약과 마무리

3) 종결부 •   • 발표의 목적과 주제 소개

떨리다/떨다	기술	이야기를 나누다		아이디어	정보	전달하다
역할	명확하다	구조를 갖추다	청중	전달하다	도입부	전개부
종결부	목적	주제	간단하다	핵심 내용	체계적	요약하다
마무리	간결하다	용어	방해가 되다/방해하다		관심을 끌다	경험
효과적	필수	자신감	충분히	발음	억양	속도
신경을 쓰다	자연스럽다	발표하다	적절하다	동작	연습하다	청중
소통	일방적	상호작용	눈을 마주치다			

4. 들은 내용과 같으면 ○, 다르면 × 하세요.

1) 연습을 충분히 하면 발표를 잘할 수 있다. ( )

2) 발표는 일방적으로 정보를 전달하는 것이다. ( )

3) 발표할 때 청중의 이해를 돕기 위해 간결한 언어를 사용하는 것이 좋다.

( )

5. 들은 내용을 정리해 보세요.

발표는 정보를 _____ 전달하는 데 중요한 역할을 한다. 발표를 _____ 방법은 무엇인가? 첫째, 발표할 내용이 명확한 _____ 갖추어야 한다. 둘째, 발표 중에는 _____ 언어를 사용해야 한다. 셋째, 발표 연습은 _____ . 넷째, 청중과 _____ 해야 한다.

들으면서 말해 봅시다

2부 2과 5-2

2부 2과 5-3

1. 1) 발표 연습은 **필수입니다**.

2) 발표 전에 **무조건** 연습을 해야 됩니다.

3) 발표하기 전에 **반드시** 연습을 해야 합니다.

2. 1) 청중의 관심을 **끌기 위해** 자신의 경험을 이야기하는 것이 효과적입니다.

2) 청중의 관심을 **끌려면** 자신의 경험을 이야기해 보세요.

**함께 이야기해
봅시다**

발표를 잘하는 나만의 방법이 있습니까? 발표를 잘하는 방법에 대해서 다음 표를 완성하면서 친구들과 이야기하세요.

	누구	발표 잘하는 방법
1	나	
2		
3		

memo

듣고 말하기 ❻

이야기해 봅시다

1. 수업 시간에 필기를 합니까? 주로 어디에 필기를 합니까?

2. 수업을 들으면서 필기를 왜 해야 할까요?

잘 들어 봅시다

2부 2과 6-1

1. 들으면서 중요한 어휘를 써 보세요.

2. 들은 내용의 주요 내용으로 알맞은 것을 고르세요.

① 다양한 필기 방법

② 효과적인 필기 방법

③ 수업 중 필기하는 방법

④ 필기할 때 추천하는 색

3. 남자가 누구인지 고르세요.

① 교수

② 대학생

③ 회사원

④ 컴퓨터 공학자

컴퓨터공학과	효과적	필기	공유하다	개인적	경험	• 한눈에 알아보다
기반	유용하다	분명히	도움이 되다	믿다	본격적	• 한눈에 들어오다
화면	차이점	깔끔하다	정리	속도	핵심	• 한눈에 반하다
메모하다	나누다	기본적	보충	구분하다	강조하다	
형광펜	덧칠하다	규칙	꼼꼼히	알아보다	단순히	
기록하다	과정	참고하다				

4. 들은 내용과 같으면 ○, 다르면 × 하세요.

   1) 내용을 보충할 때는 검은색 볼펜을 사용한다.   (   )

   2) 정리용 필기는 복습하는 과정에서 하는 것이다.   (   )

   3) 교재나 수업 자료를 그대로 옮겨 쓰는 것이 좋다.   (   )

5. 들은 내용을 정리해 보세요.

> 필기를 잘하는 첫 번째 방법은 수업 중 필기와 _____ 필기를 구분하는 것이다. _____ 필기는 강의 내용의 핵심을 _____ 것이고, 정리용 필기는 수업 후 _____ 쓰는 것이다. 두 번째 방법은 다양한 펜을 _____ 필기하는 것이다. 기본 내용은 검은색으로, 보충 설명은 파란색으로, 핵심 내용은 빨간색으로 적어 _____. 필기는 단순히 내용을 _____ 것이 아니라, 자신만의 학습 방법을 _____ 과정이다.

2부 2과 6-2

1. 1) 오늘 발표할 내용은 제 개인적인 경험을 기반으로 한 것입니다.

   2) 이 발표는 개인적인 경험을 바탕으로 재구성하였습니다.

   3) 제 경험을 토대로 하여 발표하도록 하겠습니다.

2부 2과 6-3

2. 1) 오른쪽에 있는 필기는 깔끔하고 보기 좋지만 왼쪽은 그렇지 않지요?

   2) 오른쪽 필기는 깔끔하고 보기 좋은 반면에 왼쪽은 안 그렇지요?

   3) 오른쪽과 왼쪽이 다르지요?

2부 2과 6-4

3. 1) 이제 본격적으로 **발표를 시작하겠습니다**.

  2) **이상으로** 제 **발표를 마치겠습니다**.

  3) **들어 주셔서 감사합니다**.

함께 이야기해 봅시다

다음의 필기 방법은 어떤 특징을 보입니까? 다음 표를 완성하면서 친구들과 이야기해 보세요.

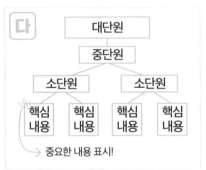

이름	특징
코넬 노트 필기법	
다빈치 노트 필기법	
마인드맵 필기법	

정리

중요한 내용을
정리해 봅시다

| 듣고 말하기 1 |
| 듣고 말하기 2 |
| 듣고 말하기 3 |
| 듣고 말하기 4 |
| 듣고 말하기 5 |
| 듣고 말하기 6 |

자기 평가

무엇을
할 수 있어요?

1 학업 능력 향상 방법에 대한 설명을 듣고 이해할 수 있다.

2 자신의 학업 능력 향상 방법에 대해 설명할 수 있다.

3 학업 능력 향상 방법 소개에 자주 사용되는 표현을
익혀서 말할 수 있다.

memo

3 팀 발표에서 무임승차를 하면 안 됩니다

학습
목표

- 대학 윤리와 예절에 대한 설명을 듣고 이해할 수 있다.

- 대학 윤리와 예절에 대해 설명할 수 있다.

- 대학 윤리와 예절 소개에 자주 사용되는 표현을 익혀서 말할 수 있다.

준비

다음을 보고 알 수 있는 것은 무엇입니까?

1 수업 시간에 지켜야 할 예절에는 무엇이 있습니까?

2 고등학교 수업과 대학교 수업의 다른 점은 무엇입니까?

듣고 말하기 ❶

이야기해 봅시다

1. 여러분이 수업 시간에 해 본 행동에 모두 V표 하세요.

1) 졸기	( )
2) 전화 받기	( )
3) 딴생각하기	( )
4) 화장실에 가기	( )
5) 빵이나 과자 먹기	( )
6) 이어폰 끼고 딴짓하기	( )
7) 스마트폰으로 메시지나 영상 보기	( )
8) 같은 나라 학생들끼리 자신들의 모어로 이야기하기	( )

2. 위 행동이 여러분의 학업에 어떤 영향을 미쳤습니까?

잘 들어 봅시다

2부 3과 1-1

1. 들으면서 중요한 어휘를 써 보세요.

출석 인정	범위	수업 태도	성실하다		
과정	집중하다	이어폰을 끼다	확인하다	• 딴생각	• 얼마든지
보이다/보다	착각	자제하다	해결하다	• 딴짓	• 언제든지
				• 딴마음	• 누구든지
					• 무엇이든지
					• 뭐든지

2. 이 내용을 들을 수 있는 시간을 고르세요.

   ① 발표 평가 시간

   ② 수업 중 질문 시간

   ③ 첫 번째 수업 시간

   ④ 시험 결과 안내 시간

3. 들은 내용과 같으면 O, 다르면 X 하세요.

   1) 이번 학기에 시험을 보지 않는다.   (   )

   2) 수업 시간에 화장실에 가는 것을 피해야 한다.   (   )

   3) 학생이 수업 시간에 딴짓하는 것을 선생님은 알 수 없다.   (   )

**들으면서
말해 봅시다**

2부 3과 1-2

1. 1) 과정이 좋아야 결과도 좋을 수 있습니다.

   2) 과정이 좋으면 결과도 좋을 것입니다.

2부 3과 1-3

2. 1) 좋은 성적을 받기 위해서는 무엇보다도 성실한 태도로 수업을 듣는 것이 중요합니다.

   2) 좋은 성적을 받으려면 성실한 태도로 수업을 들어야 합니다.

2부 3과 1-4

3. 1) 대학생이라면 수업 시간에 화장실에 가는 행동을 자제해 주세요.

   2) 대학생이라면 수업 중에 화장실에 가는 행동을 삼가 주세요.

여러분은 수업 시간에 친구의 어떤 행동 때문에 불편했던 경험이 있나요? 언제, 왜 그랬나요? 다음 표를 완성하면서 친구들과 이야기해 보세요.

	누구	수업 시간에 친구의 어떤 행동 때문에 불편했던 경험	불편했던 이유
1	나		
2			
3			

memo

듣고 말하기 ❷

★ ☆ ☆

이야기해 봅시다

1. 다음을 보고 알 수 있는 것은 무엇입니까?

2. 수업 시간에 팀별로 발표한 경험이 있습니까? 팀별로 발표를 준비할 때 어떤 역할을 했습니까?

잘 들어 봅시다

2부 3과 2-1

1. 들으면서 중요한 어휘를 써 보세요.

정하다	LMS(Learning Management System)		자동	
배정하다	팀장/팀원	뽑다	참여하다	• 팀별
각자	역할	수집하다	정리하다	• 과목별
제작	파워포인트(PowerPoint)		담당	• 학년별
발표자	물론	제출하다	맡다	
충실히	무임승차하다	상호 평가/동료 평가	-끼리	

• 한두 병
• 두세 명
• 서너 개
• 네다섯 살

2. 들은 내용의 주요 내용으로 알맞은 것을 고르세요.

　① LMS를 활용하는 방법

　② 팀장의 역할을 정하는 방법

　③ 팀별로 발표 주제를 정하는 방법

　④ 무임승차를 피하는 발표 준비 방법

3. 들은 내용과 같으면 O, 다르면 X 하세요.

　1) 중간시험 이후에 발표를 한다. 　　　　　　　　　　　　　(　)

　2) 한 팀은 다섯 명으로 구성된다. 　　　　　　　　　　　　(　)

　3) 각 팀의 발표 주제를 선생님이 정해 준다. 　　　　　　　(　)

들으면서 말해 봅시다

2부 3과 2-2

1. 1) 발표를 준비할 때 어느 누구도 무임승차하지 않도록 합시다.

　2) 발표 준비를 하면서 한 사람도 무임승차를 하면 안 됩니다.

2부 3과 2-3

2. 1) 팀원끼리 상호 평가를 할 겁니다.

　2) 팀원 간에 동료 평가를 할 겁니다.

2부 3과 2-4

3. 1) 팀별로 앉으세요.

　2) 각 팀의 발표 주제는 무엇입니까?

　3) 한 팀씩 나와서 발표하세요.

팀별로 한국 문화에 대해서 발표하려고 합니다. 팀을 만들고 다음 표를
완성하면서 팀원의 역할과 발표 주제를 정하세요.

팀원 이름	1	2	3	4	5
역할					
발표 주제					

memo

듣고 말하기 ❸

이야기해
봅시다

1. 다음을 보고 알 수 있는 것은 무엇입니까?

New message

뚜안이에요

보낸 사람 tuan11218@hku.ac.kr

받는 사람 eoo12@hku.ac.kr   ⊕ Cc Bcc

202□년 6월 3일(월) 16:01

안녕하세요 선생님
독감에 걸려서 열이 나서 수업을 할 수 없다.

2. 선생님께 이메일을 어떻게 써야 합니까?

잘 들어
봅시다

2부 3과 3-1

1. 들으면서 중요한 어휘를 써 보세요.

 장학금   신청하다   지도 교수   추천서   말씀드리다   당연히
    밝히다/밝다   자기소개서   학업 계획서   정확히   별로

 • 깜박하다
 • 잊어버리다
 • 까먹다

2. 남자가 여자와의 대화가 끝나자마자 할 행동으로 알맞은 것을 고르세요.

① 교수님에게 전화를 한다.

② 교수님의 수업을 듣는다.

③ 교수님에게 이메일을 쓴다.

④ 교수님이 쓴 추천서를 읽는다.

3. 들은 내용과 같으면 O, 다르면 X 하세요.

1) 여자와 남자는 선후배 관계이다. ( )

2) 남자는 교수님에게 이메일을 써 본 적이 있다. ( )

3) 교수님은 남자의 자기소개서와 학업 계획서를 받았다. ( )

4. 들은 내용을 정리해 보세요.

교수님께 이메일을 보낼 때는 먼저 _____ 쓰고, 이름, _____, 학번을 써야 한다. 그리고 교수님의 수업을 듣는 학생이 많기 때문에 무슨 _____ 듣는지 써야 한다. 또 _____ 받기 위해서는 _____ 자기 소개서와 _____ 계획서를 준비해 놓는 것이 좋다.

들으면서 말해 봅시다

2부 3과 3-2

1. 1) 이메일에 무슨 말부터 써야 할지 모르겠어요.

2) 이메일을 어떻게 써야 할지 몰라서 연락했어요.

2부 3과 3-3

2. 1) 네가 누구인지 이름을 밝혀야 해.

2) 네가 무슨 과목을 듣는지 써야 해.

3) 왜 추천서가 필요한지, 언제까지 필요한지 말씀드려야 해.

3. 1) 지도 교수님의 추천서가 필요하다는 걸 깜박했어요.

   2) 지금이라도 교수님께 전화를 드리는 게 나을까요?

**함께 이야기해
봅시다**

교수님께 이메일을 쓴 적이 있습니까? 무슨 일로 이메일을 드렸는지, 이때 실수를 하지는 않았는지 다음 표를 완성하면서 친구들과 이야기해 보세요.

	누구	이메일을 쓴 이유	실수한 내용
1	나		
2			
3			

memo

듣고 말하기 ④

이야기해 봅시다

1. 여러분 나라에서 시험을 볼 때 하면 안 되는 행동은 무엇입니까?

2. 한국에서 시험을 볼 때 주의해야 하는 것은 무엇입니까?

잘 들어 봅시다

2부 3과 4-1

1. 들으면서 중요한 어휘를 써 보세요.

2. 들은 내용으로 알 수 없는 것을 고르세요.

① 시험 준비물
② 신분증의 종류
③ 시험 볼 때 주의 사항
④ 시험 점수를 잘 받는 방법

3. 들은 내용과 같으면 O, 다르면 X 하세요.

1) 시험 답안은 연필로 작성하면 안 된다. ( )
2) 시험 중 질문이 있으면 조용히 손을 든다. ( )
3) 시험 중에 부정행위를 하면 영점 처리된다. ( )

주의하다 점 신분증 꼭/반드시 챙기다 신분 확인 학생증
외국인 등록증 여권 당연하다 필기도구 간혹/가끔 방해가 되다 시험지/답안지
메모지 스마트폰(smartphone) 스마트 워치(smart watch) 주위 여기저기
둘러보다 부정행위 간주되다/간주하다 압수되다/압수하다 관련하다
집중하다 만일/만약 조용히 주의 사항/유의 사항 처리되다/처리하다

4. 들은 내용을 정리해 보세요.

> 시험을 볼 때 _____ 필기도구를 꼭 _____ 한다. 또한, 다른 사람의 _____ 보거나 책, 메모지, 스마트폰, 스마트 워치 등을 보면 안 된다. 시험을 볼 때 말을 하거나 주위를 _____ 둘러보면 _____ 한 것으로 _____ 시험지가 _____ 영점 처리된다. 만일 _____ 더 필요하거나 질문이 있다면 말하지 말고 _____ 손을 들어야 한다.

들으면서 말해 봅시다

2부 3과 4-2

2부 3과 4-3

2부 3과 4-4

2부 3과 4-5

1. 1) 시험을 볼 때 신분증을 꼭 챙겨야 합니다.
   2) 시험을 보러 올 때 신분증을 꼭 소지해야 합니다.
   3) 필기도구도 당연히 가져와야 하겠죠?

2. 1) 부정행위를 하면 안 되는 건 다들 알고 있죠?
   2) 말을 하거나 주위를 여기저기 둘러봐도 안 됩니다.

3. 1) 시험에 대해서 질문이 있다면 조용히 손을 드세요.
   2) 혹시 시험과 관련해서 질문이 있나요?

4. 1) 대학생이 되어서 처음 보는 시험이니까 주의 사항을 잘 기억하기 바랍니다.
   2) 대학교에 와서 처음 보는 시험이니까 유의 사항을 잘 기억하세요.

함께 이야기해
봅시다.

한국어능력시험을 볼 때 무엇을 유의해야 합니까? 한국어능력시험의 응시자
유의 사항과 답안 작성 요령을 찾아서 다음 표를 완성하고 친구들과 이야기해
보세요.

응시자 유의 사항	답안 작성 요령
1	1
2	2
3	3
4	4
5	5

다음 달에 한국어능력시험을 보는데
시험 볼 때 무엇을 준비해야 해요?

먼저 신분증을 준비해야 하고, 시험 시작
시간하고 입실 시간을 확인해야 해요.

신분증은 학생증도 괜찮아요?

127

듣고 말하기 ❺

1. 다음을 보고 알 수 있는 것은 무엇입니까?

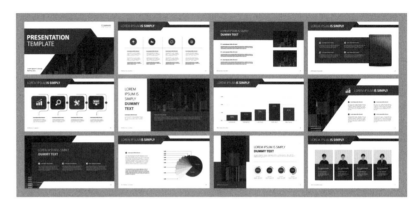

2. 파워포인트를 사용해 본 적이 있습니까? 발표할 때 파워포인트를 사용하면 어떤 점이 좋습니까?

2부 3과 5-1

1. 들으면서 중요한 내용을 써 보세요.

 파워포인트(PowerPoint) 손을 들다 빼다 앞두다 주의하다
동영상 표 그래프 신문 기사 도형 자세하다 · 원그래프
유용하다 슬라이드(slide) 출처 밝히다/밝다 찍히다/찍다 · 막대그래프
저작권 초상권 허락을 받다 발생하다 녹음 녹화 · 꺾은선그래프

2. 들으면서 다음의 사례를 써 보세요.

1) 저작권 침해

2) 초상권 침해

3. 들은 내용의 주요 내용으로 알맞은 것을 고르세요.

① 파워포인트 제작 시 유의 사항
② 파워포인트를 사용한 발표의 장단점
③ 파워포인트에 들어가는 자료의 종류
④ 발표 시 파워포인트를 사용하는 이유

4. 들은 내용과 같으면 ○, 다르면 × 하세요.

1) 발표자의 허락 없이 발표 내용을 녹음하면 안 된다. ( )
2) 발표자가 직접 찍은 사진은 모두 파워포인트에 넣어도 된다. ( )
3) 이 수업을 듣는 학생들은 모두 파워포인트로 발표할 것이다. ( )

5. 들은 내용을 정리해 보세요.

파워포인트를 _____ 발표할 때 파워포인트로 보여 주는 자료의 _____ 밝히지 않으면 _____ 문제가 생길 수 있다. 또한 발표자가 직접 찍은 사진이라도 다른 사람의 얼굴이 있다면 그 사람의 _____ 받고 파워포인트에 넣어야 한다. 그렇지 않으면 _____ 문제가 _____ 수 있다. 수업 시간에 선생님의 강의나 다른 학생의 발표를 _____ 녹화하는 것은 좋지 않다.

들으면서
말해 봅시다

2부 3과 5-2

2부 3과 5-3

1. 1) 발표를 앞두고 파워포인트를 만들 때 주의해야 할 점에 대해 이야기하겠습니다.
   2) 파워포인트를 사용해서 발표할 때 유용한 점도 많지만 주의할 점도 있습니다.

2. 1) 자료의 출처를 밝히지 않으면 저작권 문제가 생길 수 있습니다.
   2) 다른 사람의 허락 없이 그 사람의 얼굴을 파워포인트로 보여 준다면 초상권 문제가 발생할 수 있습니다.

함께 이야기해
봅시다

파워포인트를 만들 때 주의할 점을 들으면서 새롭게 알게 된 것은 무엇입니까?
다음 표를 완성하면서 친구들과 이야기해 보세요.

	누구	새롭게 알게 된 것
1	나	
2		
3		

파워포인트를 준비할 때 _____ (으)ㄴ/는다는 것을 처음으로 알게 되었습니다.

저는 강의를 들을 때 _____ (으)ㄴ/는다는 것을 오늘 처음 알게 되었습니다.

들고 말하기 ❻ ★ ★ ★

팀 발표에서 무임승차를 하면 안 됩니다

이야기해 봅시다

1. 다음을 보고 알 수 있는 것은 무엇입니까?

2. 자원봉사 활동을 해 본 적이 있습니까? 언제, 어디에서, 무슨 활동을 했는지 이야기해 보세요.

잘 들어 봅시다

2부 3과 6-1

1. 들으면서 중요한 내용을 써 보세요.

역할	사회봉사	초반/중반/후반	교양 필수	편성하다	지도자	• 지식을 쌓다
자질	형성하다	선도적	담당하다	학문적	인격적	• 경험을 쌓다
성숙되다/성숙하다		사회적 책임감	수행하다	사회 문제	접하다	• 실력을 쌓다
문제 해결 능력	배양하다	사회 구성원	자아	사회적 약자	존엄성	
가치	인식하다	처하다	배려하다	이해하다	경험	

2. 들은 내용으로 알 수 <u>없는</u> 것을 고르세요.

① 사회봉사 활동의 가치

② 사회봉사 활동의 유형

③ 사회봉사 교과목의 중요성

④ 사회봉사가 대학생에게 미치는 영향

3. 대학생에게 사회봉사가 필요한 이유가 <u>아닌</u> 것을 고르세요.

① 사회 문제에 대한 인식

② 지나친 사회적 책임감 완화

③ 미래 사회 지도자로서의 자질 형성

④ 인간의 존엄성과 가치에 대한 인식

4. 들은 내용과 같으면 ○, 다르면 × 하세요.

1) 사회봉사 교과목은 대학의 교양 필수 교과목이다. (　　)

2) 지난 수업 시간에 대학의 설립 역사에 대해 학습하였다. (　　)

3) 사회적 약자의 상황을 이해하면서 인간의 존엄성을 알 수 있다. (　　)

5. 들은 내용을 정리해 보세요.

사회봉사 교과목은 대학에서 교양 ＿＿＿＿＿＿ 교과목이다. 대학생은 사회봉사 활동을 통하여 ＿＿＿＿＿＿ 사회인으로 성장할 수 있다. 우선 대학생은 미래 사회의 지도자로서 필요한 ＿＿＿＿＿＿ 형성해야 한다. 다음으로 대학생은 사회 문제에 대해 ＿＿＿＿＿＿ 사회적 ＿＿＿＿＿＿ 가져야 한다. 마지막으로 사회봉사 활동을 통해 인간의 ＿＿＿＿＿＿ 가치에 대해 인식할 수 있다.

들으면서
말해 봅시다

2부 3과 6-2

2부 3과 6-3

2부 3과 6-4

1. 1) 여러분은 대학생으로서 사회봉사 활동을 하면서 다양한 경험을 쌓아야 합니다.

   2) 대학생은 사회 구성원으로서 자신과 사회를 돌아보고 사회적 책임감을 느껴야 합니다.

2. 1) 사회봉사 활동을 수행하면서 여러 가지 사회 문제를 접할 수 있습니다.

   2) 사회 문제를 접하면서 자신과 사회를 돌아볼 수 있습니다.

   3) 사회봉사를 하면서 인간의 존엄성과 가치에 대해 생각할 수 있습니다.

3. 1) 대학생은 앞으로 사회에서 선도적인 역할을 담당하게 될 것입니다.

   2) 타인을 배려하고 이해하는 경험을 하게 될 것입니다.

함께 이야기해 봅시다

여러분은 대학생으로서 어떤 사회봉사 활동을 할 계획입니까? 다음 표를 완성하면서 친구들과 이야기해 보세요.

	누구	사회봉사 활동 계획
1	나	
2		
3		

정리

중요한 내용을
정리해 봅시다

듣고 말하기 1

듣고 말하기 2

듣고 말하기 3

듣고 말하기 4

듣고 말하기 5

듣고 말하기 6

자기 평가

무엇을
할 수 있어요?

1 대학 윤리와 예절에 대한 설명을 듣고 이해할 수 있다.

2 대학 윤리와 예절에 대해 설명할 수 있다.

3 대학 윤리와 예절 소개에 자주 사용되는 표현을
익혀서 말할 수 있다.

memo

대학 수업의 실제

streaming

1 가스라이팅에 대해 들어본 적 있어요?

학습
목표

○ 처음 듣는 용어와 개념에 대한 설명을 이해할 수 있다.

○ 우리가 접하는 용어의 개념을 다양한 방법으로 설명할 수 있다.

○ 정의, 예시, 나열에 자주 사용되는 표현을 익혀서 말할 수 있다.

준비

다음을 보고 알 수 있는 것은 무엇입니까?

한국어기초사전 [🔍]

정의² (定義 ☑) ★★

발음	[정:의 🔊/정:이 🔊]
파생어	정의되다, 정의하다
품사	「명사」

어떤 말이나 사물의 뜻을 명확히 밝혀 분명하게 정함. 또는 그 뜻.

· 사전적 정의.
· 용어의 정의.

(국립국어원 한국어기초사전)

1 '정의'의 의미는 무엇입니까?

2 사전을 언제 사용합니까?

듣고 말하기 ❶

이야기해 봅시다

1. 다음을 보고 알 수 있는 것은 무엇입니까?

2. 인공지능이 어떻게 사용되고 있습니까?

잘 들어 봅시다

3부 1과 1-1

1. 들으면서 중요한 어휘를 써 보세요.

다루다	산업혁명	발명되다/발명하다	정보 통신 기술	본격적	발달하다
열리다/열다	세계경제포럼(World Economic Forum)		사용되다/사용하다	인공지능
빅 데이터(big data)	사물 인터넷	로봇 기술	가상현실	방식	자동적/수동적
변화시키다/변화하다	지능적	제어하다	기계 지능화 혁명

2. 지난 시간에 학습한 내용으로 알맞은 것을 고르세요.

① 기계 지능화 혁명

② 사물 인터넷의 발전

③ 3차 산업혁명의 정의

④ 4차 산업혁명의 특징

3. 들은 내용과 같으면 ○, 다르면 × 하세요.

1) 인공지능은 3차 산업혁명으로 등장하였다. ( )

2) 4차 산업혁명이라는 말은 21세기에 생겼다. ( )

3) 4차 산업혁명으로 정보 통신 기술이 본격적으로 발달하였다. ( )

들으면서
말해 봅시다

3부 1과 1-2

3부 1과 1-3

1. 1) 컴퓨터와 인터넷이 발명되면서 정보 통신 기술이 본격적으로 발달한 것이 3차 산업혁명입니다.

2) 3차 산업혁명은 컴퓨터와 인터넷이 발명되면서 정보 통신 기술이 본격적으로 발달한 것입니다.

3) 4차 산업혁명이란 인공지능, 빅 데이터, 사물 인터넷 등을 통해서 사물을 자동적, 지능적으로 제어하게 되는 것을 말합니다.

4) 4차 산업혁명은 다른 말로 기계 지능화 혁명이라고도 합니다.

2. 1) 지난 시간에 다룬 3차 산업혁명에 대해 누가 설명해 볼까요?

2) 이번 시간에는 4차 산업혁명에 대해서 알아보겠습니다.

함께 이야기해 봅시다

여러분에게 필요한 로봇은 무엇입니까? 이 로봇이 왜 필요하며 무엇을 할 수 있는지 다음 표를 완성하면서 친구들과 이야기해 보세요.

	누구	필요한 로봇	필요한 이유	로봇의 기능
1	나			
2				
3				

저에게 필요한 로봇은 _____입니다.
저는 _____기 때문에 이 로봇이
필요합니다. 이 로봇은 _____, _____,
_____ 등을 할 수 있습니다.

memo

이야기해 봅시다

1. 다음을 보고 알 수 있는 것은 무엇입니까?

반려인의 펫티켓
목줄과 입마개

외출 시에는 목줄(명견)은 입마개까지 미묘 꼭 착용해주세요.

반려인의 펫티켓
배변봉투 지참

외출 시에는 배변봉투와 물을 꼭 지참하여 대소변을 깔끔하게 처리해주세요.

반려인의 펫티켓
반려동물 등록제

동물등록증

소중한 반려동물을 잃어버리지 않도록 동물등록을 하고 인식표를 착용합시다.

반려인과 예비 반려인
반려인 동의 구하기

반려동물을 만지기 전에는 반드시 반려인의 동의를 구해주세요.

(농림축산식품부 '너와 내가 함께 만드는 펫티켓')

2. 반려동물을 키워 본 적이 있습니까? 어땠습니까?

잘 들어 봅시다

3부 1과 2-1

1. 들으면서 중요한 어휘를 써 보세요.

산책로	반려견	이내
수거하다	펫티켓(petiquette)	
에티켓(etiquette)		위반
반려동물	합성어	공공장소

목줄/가슴줄	배설물
뜻하다/의미하다	
사례	순서
마주치다	갖추다

배변 봉투
펫(pet)
발표하다
예절

- 순서대로
- 계획대로
- 법대로
- 네 말대로

2. 다음에 이어질 내용으로 알맞은 것을 고르세요.

　① 펫티켓의 정의

　② 펫티켓의 종류

　③ 펫티켓의 필요성

　④ 펫티켓 위반 사례

3. 들은 내용과 같으면 O, 다르면 X 하세요.

　1) 선생님이 펫티켓에 대해 설명하고 있다.　　　　　　　　　　(　)

　2) 산책로에서 반려견에게 목줄을 해야 한다.　　　　　　　　　(　)

　3) 펫티켓은 반려동물에 대한 예절을 포함한다.　　　　　　　　(　)

들으면서
말해 봅시다

3부 1과 2-2

1. 1) 첫 번째 그림은 반려견에게 목줄을 해야 한다는 것을 나타냅니다.

　 2) 두 번째 그림은 반려견의 배설물을 바로 수거하라는 것을 뜻합니다.

3부 1과 2-3

2. 1) 펫티켓은 반려동물을 뜻하는 영어 '펫'과 예절을 뜻하는 '에티켓'의
　　합성어입니다.

　 2) 펫티켓은 반려동물과 함께 다닐 때나 반려동물을 마주쳤을 때 갖춰야
　　할 예절을 의미합니다.

3. 1) 두 그림 모두 펫티켓에 대한 것입니다.

　 2) 이것은 펫티켓에 대한 그림입니다.

3부 1과 2-4

4. 1) 우선 펫티켓의 정의와 필요성에 대해서 알아보고 펫티켓의 종류,
　　펫티켓 위반 사례에 대해 순서대로 발표하겠습니다.

　 2) 펫티켓의 정의, 필요성, 종류, 위반 사례의 순으로 말씀드리겠습니다.

3부 1과 2-5

함께 이야기해 봅시다

한국에서 반려동물을 키우는 인구가 1,500만 명이 넘었습니다. 최근 반려인이 증가하는 이유는 무엇일까요? 반려동물을 키울 때 주의할 점에는 무엇이 있을까요? 다음 표를 완성하면서 친구들과 이야기해 보세요.

	누구	반려인 증가 이유	반려동물 양육 시 주의 사항
1	나		
2			
3			

한국에서 반려인이 1,500만 명이 넘었다고 하는데 반려동물을 키우는 인구가 증가하는 이유는 뭘까?

요즘 혼자 사는 사람들이 많아지면서 _____ 아/어서 반려동물을 많이 키우는 거 아닐까? 그리고 _____ 기도 하고.

그럴 수 있지. 반려동물을 키우는 건 좋은데 _____ 기 때문에 조심해야 할 것 같아. 나도 얼마 전에 _____ 았/었거든.

듣고 말하기 ❸

1. 다음을 보고 알 수 있는 것은 무엇입니까?

2. 그림에 있는 악기의 이름은 무엇입니까?

3부 1과 3-1

1. 들으면서 중요한 어휘를 써 보세요.

2. 관계있는 것끼리 연결하세요.

1) 북 •	• 비
2) 징 •	• 구름
3) 장구 •	• 바람
4) 꽹과리 •	• 천둥

마당	거리	전통악기	전통음악	연주하다/연주자		곡예
풍물놀이	사물놀이	꽹과리	징	장구	북	각각
상징하다	천둥	폭풍	알리다/알다	이끌다	합치다/합하다	빗대다
소극장/대극장	개최되다/개최하다		실내/야외	적합하다	재구성하다	역사
힙합	재즈	관현악	연극	무용	장르	협연
대표하다						

3. 들은 내용과 같으면 ○, 다르면 × 하세요.

1) 사물놀이는 주로 마당이나 거리에서 한다. ( )

2) 사물놀이의 시작을 알리는 악기는 북이다. ( )

3) 풍물놀이의 역사는 사물놀이의 역사보다 길다. ( )

4. 들은 내용을 정리해 보세요.

사물놀이는 꽹과리, 징, 장구, 북 ＿＿＿＿＿＿ 네 가지

악기를 ＿＿＿＿＿ 것이다. 네 가지 악기는 ＿＿＿＿＿

자연을 ＿＿＿＿＿ . 사물놀이는 ＿＿＿＿＿ 실내

공연에 ＿＿＿＿＿ 재구성해서 만든 것으로 ＿＿＿＿＿

길지 않지만 다양한 장르와 ＿＿＿＿＿ 하면서 한국을

＿＿＿＿＿ 공연 장르가 되었다.

1. 1) 마당이나 거리에서 한국의 전통악기를 연주하면서 춤도 추고 곡예도 하는
    공연   풍물놀이   .

   2) 풍물놀이   마당이나 거리에서 한국의 전통악기를 연주하면서 춤도 추고
    곡예도 하는 공연   .

   3)   한국의 네 가지 전통악기를 연주하
    사물놀이   .

   4) 사물놀이   한국의 네 가지 전통악기를 연주하
                .

2. 1) 천둥을 상징하는 꽹과리는 사물놀이의 시작을 알리   음악

    .

   2) 네 가지 악기가 하나로 합쳐진 소리는 폭풍에 빗대어지   .

   3)   사물놀이의 시작   .

함께 이야기해 봅시다

여러분 나라의 전통악기에는 어떤 것이 있습니까? 그 악기의 특징은 무엇입니까? 다음의 표를 완성하면서 친구들에게 이야기해 보세요..

	악기 이름	모습	특징	연주 시기/장소
1				
2				
3				

＿＿＿＿＿＿＿＿＿의 전통악기를 소개하겠습니다.

여러분이 보시는 이 악기의 이름은 ＿＿＿＿＿＿입니다.

＿＿＿＿＿＿은/는 ＿＿＿＿＿＿(으)ㄴ/다는 특징을

가지고 있습니다. 주로 ＿＿＿＿, ＿＿＿＿, ＿＿＿＿ 때

＿＿＿＿＿＿에서 ＿＿＿＿＿＿을/를 연주합니다.

＿＿＿＿＿＿의 전통악기는 ＿＿＿＿＿＿입니다.

＿＿＿＿＿＿의 특징은 ＿＿＿＿＿＿＿＿＿＿＿＿.

우리나라 사람들은 ＿＿＿＿＿＿을/를 보통 ＿＿＿＿＿,

＿＿＿＿＿ 때 ＿＿＿＿＿, ＿＿＿＿＿, ＿＿＿＿＿에서

연주합니다.

듣고 말하기 ❹

★ ★ ☆

1. 다음을 보고 알 수 있는 것은 무엇입니까?

2. 다음 대화에서 여러분이 여학생이라면 어떻게 말하겠습니까?

오늘 치마가 너무 짧은 거 아냐?

뭐라고? 갑자기 그게
무슨 소리야.

다른 사람들이 자꾸 널 쳐다보잖아.

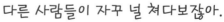

3부 1과 4-1

1. 들으면서 중요한 어휘를 써 보세요.

2. 다음에 이어질 내용으로 알맞은 것을 고르세요.

① 가스라이팅의 사례

② 가스라이팅의 유래

③ 가스라이팅의 정의

④ 가스라이팅의 종류

3. 들은 내용과 같으면 O, 다르면 X 하세요.

1) 가스라이팅은 주로 친밀한 관계에서 나타난다. ( )

2) 가스라이팅은 범죄학과 심리학에서 사용되는 전문 용어이다. ( )

3) 가스라이팅이 의심될 때 가족이나 친구의 도움을 받도록 한다. ( )

4. 들은 내용을 정리해 보세요.

가스라이팅은 타인에 대한 _____ 강화하는 것으로 타인의 _____ 상황을 _____ 그 사람이 자신의 _____ 스스로 _____ 만드는 것이다. 주로 가해자와 피해자는 부부, 친구, 연인 등 _____ 관계일 때 나타난다. 가해자는 피해자를 _____, 가해자가 피해자인 _____, 때로는 사랑을 _____ 한다.

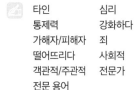

타인	심리	상황	조작하다	판단	스스로	의심하다
통제력	강화하다	가스라이팅(gaslighting)		밀접하다	정신적	학대
가해자/피해자	죄	예민하다	비판하다	반복적	상대방	자존감
떨어뜨리다	사회적	고립시키다/고립하다		당하다	거리를 두다	핵심
객관적/주관적	전문가	범죄학	심리학	공식적/비공식적		인정되다/인정하다
전문 용어						

**들으면서
말해 봅시다**

3부 1과 4-2

3부 1과 4-3

1. 1) 타인이 자신의 판단을 스스로 의심하게 만들고 타인에 대한 통제력을 강화하는 것을 가스라이팅이라고 합니다.

2) 가스라이팅은 타인이 자신의 판단을 스스로 의심하게 만들고 타인에 대한 통제력을 강화하는 것입니다.

3) 가스라이팅의 핵심은 피해자 스스로 자신의 판단을 의심하게 만드는 것입니다.

4) 가스라이팅은 주로 부모와 자식, 부부, 친구, 연인 등 밀접한 관계에서 나타나는 정신적 학대로 볼 수 있습니다.

2. 1) 가스라이팅은 범죄학이나 심리학에서 공식적으로 인정된 전문 용어는 아니지만 다양한 매체에서 자주 사용되고 있습니다.

2) 가스라이팅은 범죄학이나 심리학의 전문 용어는 아니나 다양한 매체에서 자주 볼 수 있습니다.

**함께 이야기해
봅시다**

뉴스나 신문 기사를 통해 가스라이팅과 관련된 사건을 들어 본 적이 있습니까? 가스라이팅의 사례를 찾아보고 다음 표를 완성하면서 친구들과 이야기해 보세요.

	사건	가해자	피해자
일시			
장소			
내용			

이야기해
봅시다

1. 다음을 보고 알 수 있는 것은 무엇입니까?

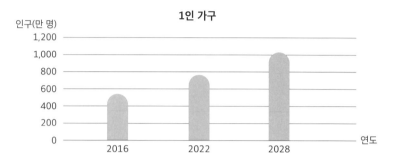

인구(만 명)

1인 가구

1,200
1,000
800
600
400
200
0

2016   2022   2028   연도

2. 다음 대화에서 남자가 주말에 한 것은 무엇입니까?

주말 잘 지냈어?

응. 혼밥도 하고 혼영도 하면서
자유롭게 지냈어. 다음에는 혼행도
도전해 보려고 해.

잘 들어
봅시다

3부 1과 5-1

1. 들으면서 중요한 내용을 써 보세요.

2. 빈칸에 알맞은 말을 쓰세요.

경제 상황 어려워짐, 취업에 대한 불안 커짐

결혼에 대한 인식 변화

소비 패턴 변화로 새로운 트렌드 형성

3. 들은 내용으로 알 수 없는 것을 고르세요.

① 한국의 인구 문제

② 1인 가구의 변화 양상

③ 한국인의 평균 초혼 연령

④ 결혼에 대한 인식 변화의 원인

4. 들은 내용과 같으면 ○, 다르면 × 하세요.

1) 만혼은 증가하는 반면 비혼은 감소하고 있다.　　　　　　　　　(　)

2) 결혼에 대한 인식 변화는 1인 가구 증가의 주요 원인이다.　　　(　)

3) 일코노미는 숫자 '1'과 영어 '이코노미'로 이루어진 말이다.　　(　)

건강가정기본법	1인 가구	단독	생계를 유지하다	• 혼밥
생활 단위	증가하다/감소하다	추세	넘다　　예측하다	• 혼술
급증하다/급감하다	인식	경제 상황	취업　　불안	• 혼영
아예	늘다/줄다　필수/선택	반영하다	평균　　초혼	• 혼행
연령	만혼　　비혼	낯설다	경향　　소비 패턴(pattern)	
트렌드(trend)	확산되다/확산하다	간편식	소포장　전자제품	
가구	소형/중형/대형　일코노미(1conomy)		즐기다　개발되다/개발하다	
이코노미(economy)	이루어지다		합성어	

5. 들은 내용을 정리해 보세요.

> 1인 가구는 한 명이 단독으로 _____ 유지하고 있는 생활 _____ 말한다. 1인 가구는 2022년에는 750만 명으로 증가했고 이런 _____ 2028년에는 1,000만 명이 _____ 거라고 _____ 있다. 비혼과 _____ 증가함에 따라 1인 가구도 _____ 있다. 1인 가구의 증가로 인해 혼자만의 생활을 즐기고 _____ 것을 뜻하는 _____ 단어도 생겼다.

들으면서
말해 봅시다

3부 1과 5-2

3부 1과 5-3

3부 1과 5-4

1. 1) 일코노미란 혼자만의 생활을 즐기면서 소비 생활을 하는 것을 의미합니다.
   2) 일코노미는 1인 가구를 나타내는 숫자 '1'과 경제를 뜻하는 영어 '이코노미'의 합성어입니다.

2. 1) 1인 메뉴, 소포장 식품, 소형 가구 등을 일코노미 상품의 예로 들 수 있습니다.
   2) 예를 들면 1인 메뉴, 소포장 식품, 소형 가구 등이 있습니다.

3. 1) 이런 추세라면 2028년에는 1,000만 명이 넘을 거라고 예측하고 있습니다.
   2) 1인 가구가 급증하고 있는 가장 큰 원인은 결혼에 대한 인식 변화가 아닐까 합니다.
   3) 결혼은 필수가 아니라 선택이라는 말은 결혼에 대한 인식 변화를 반영합니다.

10년 전과 현재의 여러분 나라의 초혼 연령에는 어떤 변화가 있습니까? 그 원인은 무엇입니까? 다음 표를 완성하면서 친구들과 이야기해 보세요.

	나라	시기	초혼 연령	원인
1		10년 전		
		현재		
2		10년 전		
		현재		
3		10년 전		
		현재		

memo

들고 말하기 ❻

이야기해 봅시다

1. 다음을 보고 알 수 있는 것은 무엇입니까?

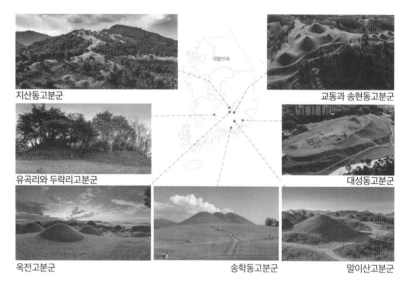

지산동고분군

교동과 송현동고분군

유곡리와 두락리고분군

대성동고분군

옥전고분군

송학동고분군

말이산고분군

(문화재청 블로그 '한국의 16번째 세계유산 '가야고분군'을 소개합니다')

2. 다음은 한국의 세계유산입니다. 여러분이 알고 있는 곳은 어디입니까?

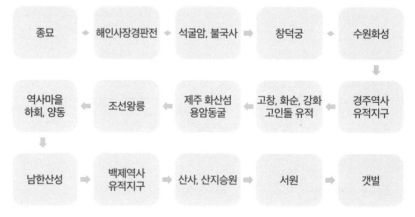

| 종묘 | 해인사장경판전 | 석굴암, 불국사 | 창덕궁 | 수원화성 |

| 역사마을 하회, 양동 | 조선왕릉 | 제주 화산섬 용암동굴 | 고창, 화순, 강화 고인돌 유적 | 경주역사 유적지구 |

| 남한산성 | 백제역사 유적지구 | 산사, 산지승원 | 서원 | 갯벌 |

(문화재청 홈페이지 참고)

잘 들어
봅시다

3부 1과 6-1

1. 들으면서 중요한 내용을 써 보세요.

2. 들은 내용으로 알 수 없는 것을 고르세요.

① 세계유산의 유형

② 세계유산의 정의

③ 세계유산 지정 기관

④ 전 세계 세계유산의 규모

3. 관계있는 것끼리 연결된 것을 고르세요.

① 자연유산 - 가야 고분군

② 자연유산 - 한국의 갯벌

③ 문화유산 - 제주도 화산섬

④ 문화유산 - 낙동강 가야 문명

세계유산	세계유산협약	유네스코(UNESCO)	인류
보편적	가치	지니다	발굴하다
보호하다	보존하다	채택하다	탁월하다
보편적	자연유산	문화유산	복합 유산
동시	나뉘다/나누다	산물	생물 다양성
멸종 위기	철새	기착지	갯벌
인정받다/인정하다/인정되다		존속하다	역사적
문화적	고대 문명	가야 고분군	세계유산위원회
지정되다/지정하다		보유하다	걸치다
낙동강 유역	번성하다	담다	묶다
연속 유산	행정구역	분포하다	연맹체
주변국	자율적	유지하다	증거
동아시아	다양성		

• 역사상
• 지구상
• 인터넷상

• 20세기 초/중반/말
• 2020년대 초/중반/말

• 수평적-수직적
• 실증적-이론적
• 현대적-전통적

4. 들은 내용과 같으면 ○, 다르면 × 하세요.

1) 한국에는 자연유산, 문화유산, 복합 유산이 16건 있다. ( )

2) 가야 고분군은 일곱 개의 고대국가가 연맹했다는 증거이다. ( )

3) 가야 문명은 낙동강 유역을 중심으로 600년 동안 존재하였다. ( )

5. 들은 내용을 정리해 보세요.

> 유네스코 _____ 세계유산협약에서 규정한 탁월한 _____ 가치를 지닌 유산이다. 세계유산은 자연유산, _____ , 복합 유산 등 세 가지로 _____ . 가야 고분군은 _____ 600년간 _____ 고대 문명 가야의 역사적, _____ 가치를 보여 주는 문화유산이다. 가야 문명은 고대국가 _____ 주변국과 _____ 수평적인 관계를 유지하였다. 가야 고분군은 가야 문명의 _____ 증거로 고대 문명의 _____ 보여 준다.

들으면서
말해 봅시다

3부 1과 6-2

1. 1) 세계유산은 세계유산협약에서 정한 탁월한 보편적 가치를 지닌 유산을 말합니다.

2) 세계유산협약에서 정한 탁월한 보편적 가치를 지닌 유산을 세계유산이라고 합니다.

3부 1과 6-3

2. 1) 세계유산은 자연유산, 문화유산, 복합 유산 등 세 가지로 나뉩니다.

2) 자연유산은 제주도의 화산섬, 용암 동굴과 같은 자연의 산물입니다.

3) 생물 다양성 보존으로 가치를 인정받은 서천, 고창, 신안, 보성-순천의 갯벌도 자연유산의 좋은 예입니다.

4) 지금부터 몇 가지 예를 살펴보겠습니다.

3. 1) 가야 고분군은 1세기에서 6세기 중반에 걸쳐 낙동강 유역을 중심으로 번성했습니다.

   2) 가야 고분군은 한반도에 600년간 존속했던 고대 문명 가야의 역사적, 문화적 가치를 보여 줍니다.

   3) 이로써 우리나라는 14건의 문화유산, 2건의 자연유산 등 총 16건의 세계유산을 보유하게 되었습니다.

   4) 가야 고분군은 고대국가 연맹체이면서 주변국과 자율적이며 수평적인 관계를 유지한 가야 문명의 실증적 증거입니다.

함께 이야기해 봅시다

여러분 나라의 세계유산에는 어떤 것이 있습니까? 다음 표를 완성하고 친구들에게 이야기해 보세요.

	세계유산	지정 시기	위치	특징	의의
1					
2					
3					

정리

중요한 내용을
정리해 봅시다

듣고 말하기 1

듣고 말하기 2

듣고 말하기 3

듣고 말하기 4

듣고 말하기 5

듣고 말하기 6

자기 평가

무엇을
할 수 있어요?

1 처음 듣는 용어와 개념에 대한 설명을 이해할 수 있다.

2 우리가 접하는 용어의 개념을 다양한 방법으로
설명할 수 있다.

3 정의, 예시, 나열에 자주 사용되는 표현을 익혀서
말할 수 있다.

2 그라피티는 낙서와 다를까요?

학습 목표

- 서로 다른 대상의 공통점과 차이점에 대한 설명을 이해할 수 있다.

- 서로 다른 대상의 공통점과 차이점을 다양한 방법으로 설명할 수 있다.

- 비교, 대조에 자주 사용되는 표현을 익혀서 말할 수 있다.

준비

다음을 보고 알 수 있는 것은 무엇입니까?

1 '가'와 '나'의 공통점과 차이점은 무엇입니까?

2 '가'와 '나'의 장점과 단점은 각각 무엇입니까?

듣고 말하기 ❶

1. 여러분이 한국어로 처음 말했을 때 가장 어려웠던 점은 무엇입니까?

2. 다양한 언어로 쓰인 문장들을 보면서, 공통점과 차이점을 찾아보고 그렇게 생각한 이유를 이야기해 보세요.

1) 저는 한국 영화를 좋아합니다.

2) I like Korean movies.

3) A mí me gustan las películas coreanas.

4) 我喜欢韩国电影。

5) 私は韓国映画が好きです。

6) J'aime les films coréens.

7) Tôi thích phim Hàn Quốc.

8) ฉันชอบภาพยนตร์เกาหลีค่ะ.

3부 2과 1-1

1. 들으면서 중요한 어휘를 써 보세요.

 특징   기본 어순   맨   순   순서   쓰이다/쓰다
구성되다/구성하다   평서문/의문문/청유문/명령문   • 가나다순
주어/목적어/서술어   배열 순서   시작되다/시작하다   유형   • 선착순
차지하다   분포   마찬가지   속하다   • 나이순

2. 들은 내용의 주요 내용으로 알맞은 것을 고르세요.

① 문장성분의 종류

② 기본 어순의 유형

③ 세계 언어의 분포

④ 한국어와 영어의 차이

3. 들은 내용과 같으면 ○, 다르면 × 하세요.

1) 기본 어순은 언어의 특징 중 하나이다.   (   )

2) 한국어와 몽골어의 기본 어순은 다르다.   (   )

3) 기본 어순 중, '주어-목적어-서술어' 유형이 가장 많다.   (   )

들으면서
말해 봅시다

3부 2과 1-2

3부 2과 1-3

1. 1) 한국어는 주어, 목적어, 서술어의 순인데 반해 영어는 주어, 서술어, 목적어 순으로 문장이 구성됩니다.

2) 한국어와 영어는 어순이 다르다는 차이점을 가집니다.

3) 문장이 주어로 시작되는 한국어와 달리 목적어나 서술어가 문장의 처음에 오는 언어도 있습니다.

2. 1) 일본어도 한국어와 마찬가지로 '주어-목적어-서술어' 유형에 속하는 언어입니다.

2) 한국어와 일본어는 어순이 같다는 공통점을 지닙니다.

함께 이야기해
봅시다

한국어와 여러분의 모어의 공통점과 차이점은 무엇입니까? 다음 표를 완성하고 친구들에게 이야기해 보세요.

한국어	모어 ( )
나는 빵을 먹는다.	
나는 맛있는 빵을 먹는다.	
나는 빵을 먹고 싶다.	

제 모어는 _____ 입니다. 한국어와 _____는 공통점도 있고 차이점도 있습니다. 우선 기본 어순이 _____로 한국어와 _____. 예를 들어 한국어로 '나는 빵을 먹는다'는 _____로 _____ (이)라고 합니다.

memo

듣고 말하기 ❷

 ★ ☆ ☆

이야기해 봅시다

1. 다음을 보고 알 수 있는 것은 무엇입니까?

가

나

2. '가'와 '나'는 낙서일까요? 예술일까요? 그렇게 생각한 이유는 무엇입니까?

잘 들어 봅시다

3부 2과 2-1

1. 들으면서 중요한 어휘를 써 보세요.

벽	흔히	그라피티(graffiti)	낙서		
뜻하다	비판하다	즉흥적	충동적	• 젊은이	• 골칫거리
자유롭다	표현하다	당시	공간 디자인	• 늙은이	• 골칫덩어리
인테리어	행위 예술	활용되다/활용하다	현대 미술	• 어린이	• 골치가 아프다
대중	인기를 끌다	다루다	유화/수채화		• 골치를 썩다
재료	바탕	화재	화면		
붓	물감	캔버스(canvas)	스프레이 페인트(spray paint)		

2. 지난 수업 시간의 강의 내용은 무엇입니까?

① 유화의 특징

② 그라피티의 역사

③ 현대 미술의 흐름

④ 그림 속 사회 문제

3. 들은 내용과 같으면 O, 다르면 X 하세요.

1) 그라피티는 낙서를 뜻하는 이탈리아어이다.   (   )

2) 그라피티와 유화는 그림을 그리는 재료와 바탕이 같다.   (   )

3) 그라피티는 인테리어, 행위 예술 등 다양한 분야에 활용된다.   (   )

**들으면서
말해 봅시다**

3부 2과 2-2

1. 1) 그라피티는 지난 시간에 다뤘던 유화와 마찬가지로 그림입니다.

2) 그라피티는 젊은이들이 자신의 생각을 자유롭게 표현한다는 점에서 낙서와 비슷합니다.

3부 2과 2-3

2. 1) 그라피티와 유화는 화재와 화면이 서로 다릅니다.

2) 그라피티와 유화는 화재와 화면이 다르다는 차이점을 지닙니다.

3) 유화는 붓으로 캔버스에 그림을 그리는 데 비해 그라피티는 스프레이 페인트로 벽에 그림을 그립니다.

4) 유화는 붓으로 캔버스에 그림을 그리는 반면 그라피티는 스프레이 페인트로 벽에 그림을 그립니다.

5) 그 당시에는 골칫거리였지만 지금은 대중들의 인기를 끌고 있습니다.

3부 2과 2-4

3. 1) 그라피티는 현대 미술의 한 장르가 될 만큼 대중들의 인기를 끌고 있습니다.

2) 그라피티는 현대 미술의 한 장르가 될 정도로 대중들에게 인기가 많습니다.

| 함께 이야기해 봅시다 | 다음 두 그림의 공통점과 차이점은 무엇입니까? 다음 표를 완성하면서 친구들과 이야기해 보세요. |

 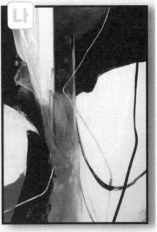

	가	나
공통점		
차이점		

그림 '가'와 '나'는 모두 수채화라는 공통점이
있어요. 그리고 그림 '가'와 마찬가지로 그림
'나'도 _____ . 하지만 그림
'가'는 _____ (으)ㄴ/는 반면,
그림 '나'는 _____.

듣고 말하기 ❸

이야기해 봅시다

1. 여러분이 스마트폰을 선택하는 기준은 무엇입니까?

2. 가장 최근에 출시된 스마트폰은 어떤 특징을 가지고 있습니까?

잘 들어 봅시다

3부 2과 3-1

1. 들으면서 중요한 어휘를 써 보세요.

2. 들은 내용의 주요 내용으로 알맞은 것을 고르세요.
   ① 스마트폰 운영 체계
   ② 안드로이드의 장단점
   ③ 개방성과 보안성의 관계
   ④ 컴퓨터 운영 체계의 발달

3. 들은 내용과 같으면 ○, 다르면 × 하세요.
   1) 안드로이드와 아이오에스는 컴퓨터 운영 체계이다.　　　(　)
   2) 애플이 개발한 운영 체계는 애플 기기에만 사용된다.　　(　)
   3) 안드로이드는 제조사와 디자인이 다양하고 보안성도 높다.　(　)

운영 체계	효율적	사용자	윈도우(Windows)	맥(MacOS)	리눅스(Linux)
대표적	안드로이드(Android)		아이오에스(iOS)	제조사	구글(Google)
관리하다	소프트웨어	하드웨어	매개체	개발하다	태블릿 PC(Tablet PC)
애플리케이션/앱		접근하다	채택하다	가격대	기능　　애플(Apple Inc.)
다양하다/단순하다		아이폰(iPhone)	아이패드(iPad)	기기	사용되다/사용하다
다양성	측면	개방성/폐쇄성	보안성	밀접하다	관련되다/관련하다
상대적/절대적	떨어지다	유지하다			

4. 들은 내용을 정리해 보세요.

컴퓨터 운영 체계는 컴퓨터를 _____ 관리 해서
사용자가 컴퓨터를 편하고 쉽게 사용하도록 하는
_____. 스마트폰에도 운영 체계가 있는데,
_____ 안드로이드와 아이오에스가 있다.
안드로이드는 여러 _____ 스마트폰과 태블릿
PC에 사용되고 다양한 _____ 쉽게 접근할 수 있는
_____, 아이오에스는 애플 기기에만 사용된다.
또한 안드로이드는 보안성이 _____ 아이오에스는
_____ 높다는 _____ 있다.

들으면서
말해 봅시다

3부 2과 3-2

3부 2과 3-3

3부 2과 3-4

1. 1) 안드로이드는 여러 제조사의 스마트폰에 사용됩니다. 이와 달리
아이오에스는 애플 기기에만 사용됩니다.
2) 안드로이드는 여러 제조사의 스마트폰에 사용되는 데 반해 아이오에스는
애플 기기에만 사용됩니다.
3) 안드로이드는 보안성이 상대적으로 떨어지는 반면 아이오에스는 높은
보안성을 유지한다는 점에서 차이가 있습니다.
4) 안드로이드와 아이오에스의 차이점은 보안성에 있습니다.

2. 1) 컴퓨터 운영 체계에 윈도우와 맥이 있다면 스마트폰 운영 체계에는
안드로이드와 아이오에스가 있습니다.
2) 윈도우와 맥이 컴퓨터 운영 체계라면 안드로이드와 아이오에스는
스마트폰 운영 체계입니다.

3. 1) 제조사, 디자인의 다양성 측면에서 본다면 안드로이드는 개방성을,
아이오에스는 폐쇄성을 특징으로 합니다.
2) 제조사, 디자인의 다양성 측면에서 안드로이드와 아이오에스는 각각
개방성과 폐쇄성을 특징으로 합니다.

4. 1) 컴퓨터 운영 체계는 다시 말해서, 컴퓨터 하드웨어와 사용자의 매개체라고
   할 수 있습니다.

   2) 즉, 컴퓨터 운영 체계는 컴퓨터 하드웨어와 사용자의 매개체입니다.

**함께 이야기해
봅시다**

여러분이 사용하는 스마트폰의 특징은 무엇입니까? 다음 표를 완성하면서
친구들과 이야기해 보세요.

	누구	스마트폰 종류	자주 사용하는 기능	특징
1	나			
2				
3				

듣고 말하는 대학 한국어

3부 ― 대학 수업의 실제

이야기해 봅시다

1. 다음을 보고 알 수 있는 것은 무엇입니까?

2. 이 공연의 특징은 무엇입니까?

잘 들어 봅시다

3부 2과 4-1

1. 들으면서 중요한 어휘를 써 보세요.

2. 지난 시간에 다룬 내용으로 알맞은 것을 고르세요.

① 공연의 유형

② 뮤지컬의 역사

③ 오페라의 특징

④ '오페라의 유령' 속 명장면

뮤지컬	오페라	장면	소설가	제작되다/제작하다		초연
막을 내리다	역사상	최장/최단	사건	다루다	이루어지다	음악극/창극
조화를 이루다	종합 예술	유사하다	비중	출연자	대사	전달하다
맞추다	비교적					

2
과

그라피티는 낙서와 다를까요?

3. 들은 내용과 같으면 O, 다르면 X 하세요.

1) 오페라 가수는 모든 대사를 노래로 전달한다. (　　)

2) '오페라의 유령'은 브로드웨이에서 가장 오래 공연된 오페라이다. (　　)

3) 뮤지컬은 노래의 비중이 적기 때문에 종합 예술이라고 할 수 없다. (　　)

4. 들은 내용을 정리해 보세요.

> 뮤지컬과 _____ 연기, 노래, 무용 등 다양한 형태의 예술 장르가 _____ 이루는 _____ 예술이다. 오페라에서는 모든 _____ 노래로 _____ 때문에 출연자를 오페라 _____ 하며, 뮤지컬에서는 노래 없이 _____ 연기를 하는 _____ 비교적 크기 때문에 출연자를 뮤지컬 _____ 한다.

들으면서
말해 봅시다

3부 2과 4-2

3부 2과 4-3

1. 1) 뮤지컬도 오페라와 마찬가지로 음악과 이야기가 만나서 이루어진 음악극입니다.

2) 뮤지컬은 다양한 예술 장르가 조화를 이루는 종합 예술이라는 점에서 오페라와 유사한 점이 많습니다.

3) 뮤지컬에서도 오페라처럼 음악에 맞추어 노래를 부릅니다.

2. 1) 뮤지컬 출연자는 노래 없이 대사만으로 연기를 하는 비중이 비교적 크기 때문에 '배우'라고 합니다.

2) 오페라 가수는 뮤지컬 배우에 비해 대사를 노래로 전달하는 비중이 큽니다.

3. 1) 이것은 프랑스의 소설가가 쓴 소설을 바탕으로 제작된 뮤지컬입니다.

   2) 그럼 누가 지난 시간에 배웠던 오페라에 대해 먼저 이야기해 볼까요?

함께 이야기해 봅시다

여러분이 좋아하는 공연 장르는 무엇이고 그 이유는 무엇입니까? 여러분이 좋아하는 공연을 즐기기 위해 관객으로서 지켜야 할 예절에는 무엇이 있습니까? 다음 표를 완성하면서 친구들과 이야기해 보세요.

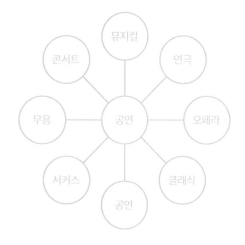

	누구	좋아하는 공연 장르	좋아하는 이유	관람 예절
1	나			
2				
3				

이야기해 봅시다

1. 다음 중, 공통점이 있는 두 가지를 묶고 그 이유를 말해 보세요.

2. 다음 중, 가장 앞에 있는 것은 무엇입니까? 그 이유를 말해 보세요.

잘 들어
봅시다

3부 2과 5-1

1. 들으면서 중요한 내용을 써 보세요.

2. 들은 내용의 주요 내용으로 알맞은 것을 고르세요.

① 동양 문화와 서양 문화의 관계

② 동양 언어와 서양 언어의 특징

③ 동양인과 서양인의 사고방식 차이

④ 동양인과 서양인의 행동 방식 차이

3. 다음에 이어질 내용으로 알맞은 것을 고르세요.

① 동양과 서양의 문화 차이를 보여 주는 언어 표현의 예

② 동양 사상과 서양 사상의 차이를 보여 주는 연구 결과

③ 동양인과 서양인의 사고방식 차이를 보여 주는 실험 결과

④ 동양인과 서양인이 인식하는 방향 차이를 보여 주는 언어 사용의 예

4. 들은 내용과 같으면 ○, 다르면 × 하세요.

1) 서양인은 개체 간의 관계에 중점을 둔다. ( )

2) 서양인은 자신을 출발점에 두고 사물의 방향을 인식한다. ( )

3) 동양인의 대부분은 원숭이, 판다, 바나나 중 원숭이와 바나나를 묶는다.

( )

묶다	손들다	서양인/동양인	개체	인식하다	여기다	
주목하다	정리하다	사고	열기구	선택하다	멀리/가까이	· 우리끼리
도착점/출발점	반영되다/반영하다					· 집안끼리
						· 끼리끼리

5. 들은 내용을 정리해 보세요.

원숭이, 판다, 바나나 중, 서양인은 원숭이와 _____ 묶고, 동양인은 원숭이와 _____ 묶었다. 이는 서양인은 _____ 중심의 사고를 하고, 동양인은 _____ 중심의 사고를 한다는 것을 말해 준다. _____ 하늘에 있는 열기구 중에서 동양인은 가장 큰 열기구를 앞에 있는 것으로 _____ 서양인은 가장 작은 열기구를 _____ 있는 것으로 보았다. 동양인은 자신을 열기구의 _____ 인식하는 데 _____ 서양인은 자신을 열기구의 _____ 인식하기 때문이다.

들으면서
말해 봅시다

3부 2과 5-2

1. 1) 학생의 대답이 연구 결과와 비슷합니다.
   2) 학생의 대답과 연구 결과에 유사한 점이 많습니다.

3부 2과 5-3

2. 1) 서양인은 개체 중심의 사고를 한다면 동양인은 관계 중심의 사고를 한다고 할 수 있습니다.
   2) 서양인은 개체 중심의 사고를, 동양인은 관계 중심의 사고를 한다고 볼 수 있습니다.

3부 2과 5-4

3. 1) 서양인은 원숭이와 판다를 묶은 반면 동양인은 원숭이와 바나나를 묶었습니다.
   2) 이와 달리, 동양인은 개체 간의 관계에 주목합니다.
   3) 동양인은 자신을 열기구의 도착점으로 인식한 데 반해 서양인은 자신을 열기구의 출발점으로 인식합니다.

4. 1) 동양인과 서양인이 인식하는 방향의 차이는 언어에도 반영되어 있습니다.

   2) 지금부터 몇 가지 예를 살펴보겠습니다.

   3) 정리하면 서양인과 동양인의 사고방식이 다르다고 할 수 있습니다.

함께 이야기해 봅시다

다음은 동양과 서양의 특징을 보여줍니다. 동양과 서양의 특징을 나타내는 예에는 무엇이 있습니까? 다음 표를 완성하면서 친구들과 이야기해 보세요.

	동양	서양	예
개인과 집단의 비중	집단주의	개인주의	
자연과의 관계	조화와 공존	지배와 경쟁	
언어 사용	동사 중심	명사 중심	
사진 촬영	주변과의 조화	인물 집중	

memo

이야기해
봅시다

1. 다음을 보고 알 수 있는 것은 무엇입니까?

2. 다음 대화에서 알 수 있는 것은 무엇입니까?

차를 바꾸려고 하는데 전기차는 어떨까?

좋지. 친환경차니까 연비도
좋고 세제 혜택도 좋고.

그게 전기차를 사려는 가장 큰
이유이긴 한데, 충전 시간이 많이
걸린다고 해서 결정을 못하겠어.

운전하지 않을 때 충전하면 되니까 문제없지
않을까? 요즘 웬만한 건물 주차장이나
아파트에 전기차 충전기가 설치되어 있으니까
충전 시간은 걱정하지 않아도 될 것 같아.

잘 들어
봅시다

1. 들으면서 중요한 내용을 써 보세요.

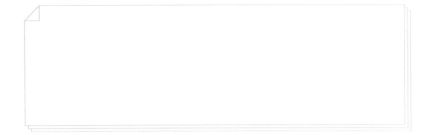

2. 친환경차와 가솔린차를 비교하면서 빈칸에 알맞은 말을 쓰세요.

	친환경차	가솔린차
1) 구입비		
2) 연료비		
3) 동력원		

3. 들은 내용으로 알 수 없는 것을 고르세요.

① 친환경차 개발 계획
② 친환경차의 종류와 특징
③ 친환경차 연료 충전 시간
④ 친환경차에 대한 정부의 지원

환경 문제	심각하다	친환경차	주목하다
앞다투다	출시하다	연비	가격대
망설이다	적잖다	가솔린차	보급
구매 보조금	지원하다	소비세	취득세
감면하다	세제 혜택	유지비	상대적
비용	부담	단정하다	대비
판단하다	전기차	수소 전기차	동력원

하이브리드 자동차(hybrid vehicle)　플러그인 하이브리드 자동차(plug-in hybrid electric vehicle)

화석 연료	조합하다	배터리	모터	움직이다
무공해차	연료비	저렴하다	충전	급속 충전기
외부/내부	전기 화학 반응	장거리/단거리	운행	매력적

- 전혀
- 절대(로)
- 거의
- 별로

- 두 시간가량
- 세 시간쯤
- 네 시간 정도
- 약 다섯 시간
- 한 여섯 시간

4. 들은 내용과 같으면 ○, 다르면 × 하세요.

1) 작년에 비해서 친환경차 판매량이 증가하였다. ( )

2) 수소 전기차는 연료 충전 시간이 전기차보다 길다. ( )

3) 하이브리드 자동차는 화석 연료를 사용하지 않는다. ( )

5. 들은 내용을 정리해 보세요.

친환경차는 가솔린차에 _____ 비싸지만 _____ 좋고, 정부에서 구매 보조금 지원, 소비세, 취득세 감면 등 여러 가지 _____ 주고 있다. 친환경차는 _____ 따라 화석 _____ 사용하지 않는 차와 화석 연료와 전기를 _____ 사용하는 차로 _____ 수 있다. 전기차와 수소 전기차는 화석 연료를 전혀 사용하지 않고 배터리와 모터만으로 _____ 완전 _____.

들으면서
말해 봅시다

3부 2과 6-2

1. 1) 친환경차가 가솔린차에 비해 비싼 편입니다.

2) 친환경차는 유지비가 상대적으로 적게 듭니다.

3) 작년 대비 친환경차 판매량이 40% 이상 증가하였습니다.

3부 2과 6-3

2. 1) 전기차와 수소 전기차는 가솔린차나 하이브리드 자동차와 달리 화석 연료를 전혀 사용하지 않는 완전 무공해차입니다.

2) 수소 전기차는 수소와 산소의 전기 화학 반응으로 발생한 전기를 사용한다는 점에서 전기차와 다릅니다.

**함께 이야기해
봅시다**

50년 전의 환경과 현재의 환경은 어떻게 다릅니까? 다음 표를 완성하면서
친구들과 이야기해 보세요.

50년 전	현재	차이점

정리

중요한 내용을
정리해 봅시다

듣고 말하기 1	
듣고 말하기 2	
듣고 말하기 3	
듣고 말하기 4	
듣고 말하기 5	
듣고 말하기 6	

자기 평가

무엇을
할 수 있어요?

1 서로 다른 대상의 공통점과 차이점에 대한 설명을
이해할 수 있다.

2 서로 다른 대상의 공통점과 차이점을 다양한 방법으로
설명할 수 있다.

3 비교, 대조에 자주 사용되는 표현을 익혀서 말할 수 있다.

3 ESTJ는 관리자형입니다

학습
목표

- 사물이나 생각의 상위 항목과 하위 항목에 대한 설명을 이해할 수 있다.
- 사물이나 생각의 상위 항목과 하위 항목을 다양한 방법으로 설명할 수 있다.
- 분류, 구분에 자주 사용되는 표현을 익혀서 말할 수 있다.

준비

다음을 보고 알 수 있는 것은 무엇입니까?

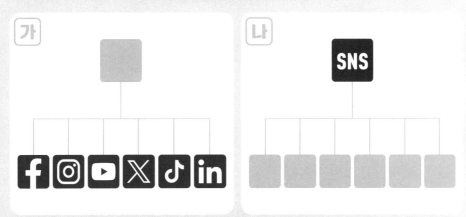

1 '가'와 '나'는 무엇이 다릅니까?

2 관계있는 것끼리 연결하세요.
    1) 구분 •   • 하위 항목을 상위 항목으로 묶음
    2) 분류 •   • 상위 항목을 하위 항목으로 나눔

듣고 말하기 ❶

1. 여러분이 가장 많이 이용하는 SNS는 무엇입니까?

2. SNS를 이용하여 주로 무엇을 합니까?

3부 3과 1-1

1. 들으면서 중요한 어휘를 써 보세요.

손들다	페이스북(Facebook)	틱톡(TikTok)	엑스(X)	
인스타그램(Instagram)	유튜브(YouTube)	린케딘(LinkedIn)	위쳇(WeChat)	• 전 세대
익숙하다	SNS(social network service)	이미	지속적	• 전 국민
증가하다/감소하다	특히	MZ 세대	평균	• 전 세계
헤비 유저(heavy user)				• 전국

2. 들은 내용으로 알 수 있는 것을 고르세요.

① SNS의 단점

② SNS 이용자 증가율

③ MZ 세대가 주로 이용하는 SNS

④ MZ 세대의 SNS 평균 이용 시간

3. 들은 내용과 같으면 ○, 다르면 × 하세요.

1) MZ 세대는 인스타그램을 가장 많이 이용한다. ( )

2) 한국인의 50%가 하루 두 시간 이상 SNS를 이용한다. ( )

3) MZ 세대 이외의 세대에서는 SNS 이용률이 감소하고 있다. ( )

3부 3과 1-2

1. 1) 페이스북, 인스타그램, 틱톡, 엑스 등을 SNS, 다시 말해서 소셜 네트워크 서비스라고 합니다.

2) SNS에는 페이스북, 인스타그램, 틱톡, 엑스 등이 있습니다.

3부 3과 1-3

2. 1) 정보통신정책연구원에 따르면 한국은 SNS를 이용하는 인구가 2020년에 이미 50%를 넘었다고 합니다.

2) 정보통신정책연구원에 의하면 SNS 이용 인구가 전 세대에서 지속적으로 증가하고 있다고 합니다.

여러분은 어떤 SNS를 이용합니까? SNS로 주로 무엇을 하며, 그 이유는 무엇입니까? 다음 표를 완성하면서 친구들과 이야기해 보세요.

	누구	주로 이용하는 SNS	주로 이용하는 기능	이유
1	나			
2				
3				

내가 주로 이용하는 SNS는 _____(이)야.

_____에서 _____, _____, _____은/는 자주

이용하지만, _____, _____, _____은/는 거의

이용하지 않아. _____을/를 주로 이용하는 이유는

_____(이)야.

memo

듣고 말하기 ❷

★ ☆ ☆

이야기해
봅시다

1. 다음을 보고 알 수 있는 것은 무엇입니까?

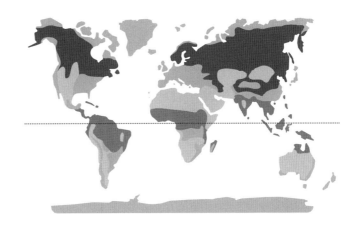

2. 다음 문장에 알맞은 단어를 고르고 그 이유를 이야기해 보세요.

1) (날씨, 기후)도 춥고 바람도 많이 불어서 체온이 쉽게 떨어질 수 있다.

2) (날씨, 기후) 변화 때문에 올해 농작물 피해가 심하다.

잘 들어
봅시다

1. 들으면서 중요한 어휘를 써 보세요.

3부 3과 2-1

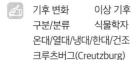

기후 변화	이상 기후	겪다	일반적	뚜렷하다	대체로	속하다
구분/분류	식물학자	기상학자	분포	기온	강수량/강우량/강설량	
온대/열대/냉대/한대/건조		구분하다/분류하다		기후 구분법	쾨펜(Köppen)	트레와다(Trewartha)
크루츠버그(Creutzburg)		사용되다/사용하다				

2. 지금 학생들이 보고 있는 것을 고르세요.

　① 사계절을 보여주는 그림

　② 기후가 구분된 세계 지도

　③ 기후별 특징을 나타내는 표

　④ 쾨펜의 일대기를 기록한 영상

3. 들은 내용과 같으면 O, 다르면 X 하세요.

　1) 현재 한국은 사계절이 뚜렷하게 구분된다. 　　　　　　　　　(　　)

　2) 쾨펜은 세계의 기후를 다섯 가지로 나누었다. 　　　　　　　(　　)

　3) 한국은 기후 변화로 열대 기후의 특징을 보이기도 한다. 　　(　　)

들으면서 말해 봅시다

3부 3과 2-2

1. 1) 기후를 구분하는 방법에는 쾨펜, 트레와다, 크루츠버그 구분법이 있습니다.

　2) 기후 구분법에는 쾨펜, 트레와다, 크루츠버그 구분법 등 세 가지가 있습니다.

　3) 쾨펜은 식물의 분포, 기온, 강수량을 기준으로 세계의 기후를 다섯 가지로 구분했습니다.

　4) 세계의 기후는 열대 기후, 온대 기후, 냉대 기후, 한대 기후, 건조 기후 등 다섯 가지로 구분됩니다.

　5) 세계의 기후는 열대 기후, 온대 기후, 냉대 기후, 한대 기후, 건조 기후로 나뉩니다.

3부 3과 2-3

2. 1) 한국은 사계절이 뚜렷하며 대체로 온대 기후에 속합니다.

　2) 한국은 봄가을은 짧아졌고 여름에는 열대 기후의 특징을 보이기도 합니다.

여러분 나라는 어떤 기후에 속합니까? 기후의 특징은 어떻습니까? 다음 표를
완성하면서 친구들과 이야기해 보세요.

	나라	기후 유형	연평균 기온	연평균 강수량	특징 (식물, 동물 등)
1					
2					
3					

우리나라는 _____ 기후에 속해.

연평균 기온은 _____, 연평균 강수량은

_____ (이)야. 우리나라의 기후는

_____ (으)ㄴ/는다는 특징이 있어. 그래서

_____ 이/가 많고 _____ 을/를 흔하게 볼 수

있어.

듣고 말하기 ❸

1. 관계있는 단어들을 모아서 원 안에 쓰세요.

고대	귀족	근대
시민	양반	중세
현대	노예제	봉건제
자본제	자급자족	

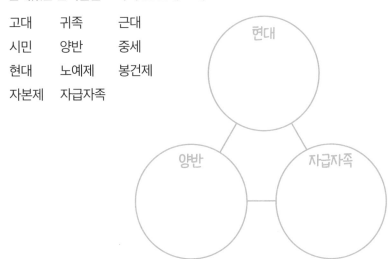

2. 위와 같이 단어를 모은 이유는 무엇입니까?

1. 들으면서 중요한 어휘를 써 보세요.

3부 3과 3-1

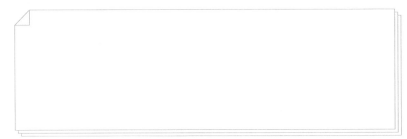

체계적	살펴보다	정확하다	구분하다	고대/중세/근대/현대	르네상스(Renaissance)
기준	명명하다	분리하다	적용하다	생산	담당하다	계층
영향을 미치다/주다		자급자족	노예제	봉건제	자본주의	지배
세력	귀족	양반	시민	서유럽/동유럽	다루다	왕조
합스부르크(Habsburg)		룩셈부르크(Luxemburg)			

2. 들은 내용의 주요 내용으로 알맞은 것을 고르세요.

① 시대 구분 방법

② 시대 구분의 역사

③ 지역별 시대 구분

④ 시대 구분의 중요성

3. 들은 내용과 같으면 ○, 다르면 × 하세요.

1) 르네상스 시대부터 고대, 중세, 근대로 구분되었다. (　　)

2) 역사를 체계적으로 살펴보기 위해 시대 구분이 필요하다. (　　)

3) 사회의 지배 세력에 따라 자급자족, 노예제, 봉건제 사회로 구분된다.

(　　)

4. 들은 내용을 정리해 보세요.

역사를 _____ 살펴보려면 시대를 정확하게 _____ 한다. 시대를 구분하는 방법은 _____, 우리에게는 르네상스 시대를 _____ 시대를 구분한 고대, 중세, 근대, 현대가 _____. 이밖에 생산을 담당하는 _____ 따라 자급자족 사회, 노예제 사회, 봉건제 사회, 자본주의 사회로 _____, 사회의 _____ 세력에 따라 귀족 사회, 양반 사회, 시민 사회 등으로 _____ 한다.

들으면서
말해 봅시다

3부 3과 3-2

1. 1) 르네상스 시대를 기준으로 고대, 중세, 근대라고 명명했습니다.

2) 이밖에 생산을 담당하는 계층이 누구냐에 따라 자급자족 사회, 노예제 사회, 봉건제 사회, 자본주의 사회로 구분하는 방법도 있습니다.

3) 사회의 지배 세력에 따라서 귀족 사회, 양반 사회, 시민 사회 등으로 구분하기도 합니다.

4) 나라를 지배한 왕조를 기준으로 시대를 구분하기도 합니다.

5) 이를 테면 유럽의 역사를 다룰 때 합스부르크 왕조, 룩셈부르크 왕조 등으로 나누는 것입니다.

2. 1) 역사를 체계적으로 살펴보려면 무엇보다 시대를 정확하게 구분할 수 있어야 합니다.
   2) 시대를 구분하는 방법은 하나가 아니라 여러 가지입니다.
   3) 우리가 살고 있는 시대를 현대라고 하기도 하고 자본주의 사회라고 하기도 하고 때로는 시민 사회라고 하기도 합니다.

함께 이야기해 봅시다

여러분 나라의 역사에 대해 이야기할 때 시대를 어떻게 구분합니까? 시대를 구분하는 기준은 무엇입니까? 다음 표를 완성하고 친구들에게 이야기해 보세요.

나라	
시대 구분 기준	
시대별 특징	

우리나라의 역사는 _____을/를 기준으로 시대를 구분합니다. _____, _____, _____, _____ 이/가 있습니다. _____은/는 _____ 부터 _____ 까지를 말합니다. _____의 특징은 _____ 입니다.

1. 다음을 보고 알 수 있는 것은 무엇입니까?

2. 다음 대화에서 알 수 있는 것은 무엇입니까?

롤드컵 표는 구했어?

아니, 매진돼서 못 구했어.

그럼 나랑 광화문 광장에 가서 볼래?
대형 전광판으로 중계해 주거든.

그러자. 역시 응원은 길거리
응원이 최고지.

잘 들어
봅시다

3부 3과 4-1

1. 들으면서 중요한 어휘를 써 보세요.

2. 들은 내용의 주요 내용으로 알맞은 것을 고르세요.

① e스포츠 종목

② e스포츠의 역사

③ e스포츠 응원 방법

④ e스포츠의 인기 비결

3. 들은 내용과 같으면 O, 다르면 X 하세요.

1) 직업 선수는 e스포츠 전문 종목에서 활동할 수 있다. ( )

2) e스포츠 정식 종목은 전문 종목과 시범 종목으로 나뉜다. ( )

3) e스포츠 경기가 열리면 사람들은 주로 광장에 모여 응원한다. ( )

리그 오브 레전드 월드 챔피언십(League of Legends World Championship)/롤드컵

결승전	오가다	진행되다/진행하다	전석 매진
생중계	운영되다/운영하다		e스포츠(electronic sports)
응원	사상	길거리 응원	펼쳐지다	인파가 모이다
대형/중형/소형	전광판	폭발적	관심을 끌다/모으다
정식 종목	시범 종목	전문 종목	일반 종목	직업 선수
충분히	구축하다	인정받다/인정하다	배틀 그라운드(Battle Ground)
FIFA 온라인 4(FIFA Online 4)	승인되다/승인하다		발전 가능성
구체적/추상적

• 사상 = 역사상
• 사상 최고/최초/최대
• 대회 사상 첫 우승

• 그는 모르는 게 없다고
  해도 과언이 아니다
• 그는 천재라고 해도
  과언이 아니다

4. 들은 내용을 정리해 보세요.

한국 e 스 포 츠 협 회 에 서 는 e 스 포 츠 를 ＿＿＿＿＿＿ 종 목 과
＿＿＿＿＿＿ 종 목 으 로 ＿＿＿＿＿＿ 정 식 종 목 을 다 시
＿＿＿＿＿＿ 종 목 과 ＿＿＿＿＿ 종 목 으 로 나 누 고
있 다. 전 문 종 목 은 직 업 선 수 가 활 동 할 수 있 는 ＿＿＿＿＿＿
있 거 나 리 그 를 ＿＿＿＿＿＿ 수 있 다 고 ＿＿＿＿＿＿
종 목 이 다. 일 반 종 목 은 직 업 선 수 가 활 동 하 지 는 않 지 만 발 전
＿＿＿＿＿＿ 있 다 고 인 정 받 은 종 목 이 다.

1. 1) 한국e스포츠협회에서는 e스포츠를 정식 종목　시범 종목
정식 종목을 다시 전문 종목　일반 종목　　　.
2) e스포츠는 정식 종목　시범 종목　　　　　정식 종목은 다시 전문
종목　일반 종목　　　　　　.

2. 1) e스포츠　　　리그 오브 레전드가 있　　　　　　　.
2) e스포츠　　　리그 오브 레전드　　　　　　　　　.

3. 1) 롤드컵은 대형 전광판으로 결승전 생중계를
2) 롤드컵에 대한　　　　　　　　　대형 전광판으로 결승전을 생중계해

함께 이야기해 봅시다

여러분이 좋아하는 것은 무엇입니까? 그것을 세부적으로 나눌 수 있습니까? 다음 표를 완성하면서 친구들과 이야기해 보세요.

	누구	좋아하는 것	구분 기준	종류
	예	그림 그리기	재료	소묘, 수채화, 유화
1	나			
2				
3				

나는 _____ 을/를 좋아해. _____ 은/는 _____ 에 따라 _____ , _____ , _____ 등으로 나눌 수 있어. 이 중에서 나는 특히 _____ .

memo

듣고 말하기 ❺

★ ★ ★

이야기해
봅시다

1. 다음을 보고 알 수 있는 것은 무엇입니까?

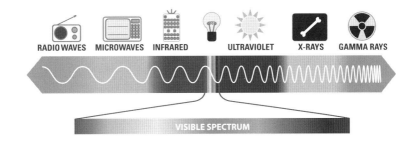

2. 다음 대화에서 알 수 있는 것은 무엇입니까?

뭐 데우는 거야?

어제 먹던 피자가 좀 남아서
데워 먹으려고.

근데 전자레인지 앞에서 좀 떨어져서
기다려.

왜? 전자파 때문에? 이 정도는
괜찮지 않니?

E S T J 는 관리자형입니다

잘 들어
봅시다

1. 들으면서 중요한 내용을 써 보세요.

2. 빈칸에 알맞은 말을 쓰세요.

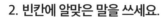

3. 들은 내용의 주요 내용으로 알맞은 것을 고르세요.

① 전자파 발생 원리

② 전자파의 개념과 특징

③ 전자파의 종류와 용도

④ 전자파와 방사선의 관계

라디오파	마이크로파	적외선	가시광선	자외선	엑스선	감마선
전자파	전자기파	분류되다/분류하다		전기장	자기장	대기
구성되다/구성하다		빛의 속도	전파되다/전파하다		파동	파장
일상생활	떼다	널리	이용되다/이용하다		사용되다/사용하다	
활용되다/활용하다		전파	불리다/부르다	GPS(global positioning system)		열작용
블루투스(bluetooth)		열선	방출되다/방출하다		감지하다	측정하다
야간 촬영	리모컨(remote control)		열화상 카메라	화상	변색	일으키다
기억 장치	삭제하다	위조지폐	감별하다	살균	소독	투과력
파악하다	엑스레이	CT(computed tomography)		보안	검색	두루
엑스선	감마선	알파선	베타선	암세포	파괴하다	방사선
다루다						

4. 들은 내용과 같으면 ○, 다르면 × 하세요.

1) 마이크로파는 GPS와 리모컨에 사용된다. ( )

2) 자외선은 살균 기능과 소독 기능을 한다. ( )

3) 위조지폐를 감별하는 데 적외선이 사용된다. ( )

5. 들은 내용을 정리해 보세요.

라디오파, 마이크로파, 적외선, 가시광선, 자외선, 엑스선, 감마선은 전자파로 _____ . 이 중에서 엑스선과 감마선은 알파선, 베타선 등과 함께 _____ 분류될 수 있다. 엑스선은 _____ 강해서 인체와 물체의 내부를 _____ 수 있기 때문에 _____ 촬영, CT 촬영, 보안 검색 등에 _____ 활용된다. 전자파 중 _____ 가장 짧은 감마선은 _____ 에너지가 매우 강해서 암 _____ 이용된다.

들으면서
말해 봅시다

3부 3과 5-2

3부 3과 5-3

1. 1) 라디오파, 마이크로파, 적외선, 가시광선, 자외선, 엑스선, 감마선은 전자파 또는 전자기파로 분류됩니다.

2) 엑스선과 감마선은 알파선, 베타선 등과 함께 방사선으로 분류될 수 있습니다.

3) 방사선에는 엑스선, 감마선, 알파선, 베타선 등이 있습니다.

2. 1) 전자파는 일상생활에서 떼려야 뗄 수 없는 것으로 다양한 분야에서 널리 이용됩니다.

2) 전자파는 일상생활과 밀접한 관련이 있으며 다양한 분야에서 두루 활용됩니다.

3부 3과 5-4

함께 이야기해 봅시다

3. 1) 흔히 전파라 불리는 라디오파는 텔레비전, 라디오, GPS에 이용됩니다.

　 2) 적외선은 강한 열작용 때문에 열선이라고도 합니다.

전자파가 인체에 미치는 영향은 무엇입니까? 전자파를 어떻게 막을 수 있을까요? 다음 표를 완성하면서 친구들과 이야기하세요.

	누구	전자파가 인체에 미치는 영향	전자파를 막을 수 있는 방법
1	나		
2			
3			

memo

이야기해
봅시다

1. 다음을 보고 알 수 있는 것은 무엇입니까?

2. 다음은 언제 들을 수 있는 말입니까?

잘 들어
봅시다
3부 3과 6-1

1. 들으면서 중요한 내용을 써 보세요.

2. 들은 내용으로 알 수 없는 것을 고르세요.

① MBTI 개발자

② MBTI 유형의 개수

③ MBTI의 활용 방법

④ MBTI의 장점과 단점

3. 관계있는 것끼리 연결하세요.

1) 생활 양식 •   • 감각형, 직관형

2) 인식 기능 •   • 감정형, 사고형

3) 판단 기능 •   • 외향형, 내향형

4) 에너지 방향 •   • 판단형, 인식형

4. 들은 내용과 같으면 ○, 다르면 × 하세요.

1) MBTI 유형에는 최대 열여섯 가지가 있다.   (   )

2) MBTI는 직업 선택 및 대인 관계에 활용될 수 있다.   (   )

3) MBTI 검사는 MBTI 검사 전문가를 통해 받아야 한다.   (   )

마이어스-브릭스 유형 지표(MBTI, Myers-Briggs Type Indicator)   밝히다/밝다   주제   성향
파악하다   줄이다/줄다   흔히   각자   문항   선호하다   경향
대인 관계   응용하다   제작되다/제작하다   검사 도구   인식   판단
생활 양식   양극 지표   속하다   외향형(E)/내향성(I)   감각형(S)/직관형(N)
감정형(F)/사고형(T)   판단형(J)/인식형(P)   근거   나뉘다/나누다
세분되다/세분하다   걸치다   단순화하다   관리자   탐험가   외교관
분석가

5. 들은 내용을 정리해 보세요.

> MBTI는 _____ 문항에 답하면서 자신이 _____ 경향을
> 파악하여 직업 선택, 대인 관계 등 _____ 응용할 수 있도록
> _____ 검사이다. 인간의 _____ 지표는 에너지 방향,
> _____ 기능, 판단 기능, 생활 양식 등 네 가지이며, 개인의
> 각 선호 지표의 _____ 유형 중 어느 하나가
> _____ . 따라서 MBTI 유형은 _____ 열여섯 가지이다.

들으면서
말해 봅시다

3부 3과 6-2

1. 1) 인간의 선호 지표는 에너지 방향, 인식 기능, 판단 기능, 생활 양식 등 네 가지입니다.

   2) 다시 말해서 정신적 에너지의 방향에 따라 외향형과 내향형으로 나뉩니다.

   3) 이를 테면 관리자형, 탐험가형, 외교관형, 분석가형으로 나누는 것입니다.

3부 3과 6-3

2. 1) MBTI가 열여섯 가지 유형으로 세분됩니다.

   2) MBTI를 네 가지 유형으로 단순화합니다.

함께 이야기해
봅시다

여러분의 MBTI 유형은 무엇입니까? MBTI 검사 결과가 스스로 생각하는 자신의
성향과 같습니까? 다릅니까? 왜 그렇게 생각합니까? 다음 표를 완성하면서
친구들과 이야기해 보세요.

	누구	MBTI 유형	자신의 성향과 같다/다르다	이유
1	나			
2				
3				

정리

중요한 내용을
정리해 봅시다

듣고 말하기 1	
듣고 말하기 2	
듣고 말하기 3	
듣고 말하기 4	
듣고 말하기 5	
듣고 말하기 6	

자기 평가

무엇을
할 수 있어요?

1 사물이나 생각의 상위 항목과 하위 항목에 대한 설명을
이해할 수 있다.

2 사물이나 생각의 상위 항목과 하위 항목을 다양한
방법으로 설명할 수 있다.

3 분류, 구분에 자주 사용되는 표현을 익혀서 말할 수 있다.

4 용은 신성한 힘을 가진 동물입니다

- ○ 묘사와 비유에 대한 설명을 이해할 수 있다.

- ○ 어떤 대상을 다양한 묘사와 비유 표현으로 나타낼 수 있다.

- ○ 묘사, 비유에 자주 사용되는 표현을 익혀서 말할 수 있다.

다음을 보고 알 수 있는 것은 무엇입니까?

가

나

1 '가'와 '나'는 어떤 성격을 상징합니까?

2 여러분 나라에서 상징적인 동물과 그 동물이 나타내는 의미는

무엇입니까?

듣고 말하기 ❶

이야기해 봅시다

1. 다음을 보고 알 수 있는 것은 무엇입니까?

2. 여러분은 한국어로 게임을 해 본 적이 있습니까? 어떤 게임을 했습니까?

잘 들어 봅시다

3부 4과 1-1

1. 들으면서 중요한 어휘를 써 보세요.

묘사	대상	그대로	표현하다	묘사하다	맞히다	위험하다
상황	알아채다	털	부드럽다	흰색/갈색/회색/검은색		다양하다
향하다	주변	환경	어둡다	풀	나무껍질	식물
캐다	근육질	단단하다	속도	달리다	덮이다/덮다	미끄러지다
주로	야행성	활동하다	굴	시간을 보내다	사교적	호기심

2. 관계있는 것끼리 연결하세요.

1) 귀 •　　　　　　　　• 부드럽고 다양한 색을 가짐

2) 눈 •　　　　　　　　• 넓고 털이 많아 미끄러지지 않음

3) 발 •　　　　　　　　• 주변과 어두운 곳을 잘 볼 수 있음

4) 털 •　　　　　　　　• 길고 위험한 상황을 빨리 알 수 있음

3. 들은 내용과 같으면 ○, 다르면 × 하세요.

1) 주로 갈색의 털을 가졌다.　　　　　　　　　　　　　　(　　)

2) 뒷다리는 근육질이라서 단단하다.　　　　　　　　　　(　　)

3) 앞다리는 길어서 식물을 캐는 데 도움이 된다.　　　　(　　)

1. 1) 몸이 크지 않고 귀가 깁니다.

2) 발은 넓고 부드러운 털로 덮여 있습니다.

3) 앞다리는 짧은 반면에 뒷다리는 길고 단단합니다.

4) 털은 부드럽고 흰색, 갈색, 회색, 검은색 등 다양한 색으로 이루어집니다.

2. 1) 이 동물의 성격은 사교적이고 호기심이 많은 편입니다.

2) 뒷다리는 앞다리보다 훨씬 긴 데다가 근육질로 단단하여 빨리 달릴 수 있게
합니다.

memo

4
과

용은 신성한 힘을 가진 동물입니다

함께 이야기해 봅시다

여러분은 어떤 동물을 좋아합니까? 그 동물은 어떤 특징이 있습니까? 다음 표를 완성하면서 친구들과 이야기해 보세요.

	누구	좋아하는 동물	동물의 특징
1	나		
2			
3			

내가 좋아하는 동물은 _____(이)야.

이 동물의 몸은 _____편이고 털의 색은 _____,

_____, _____(이)야. 눈은 _____아/어서

_____고, _____.

memo

듣고 말하는 대학 한국어

3부 | 대학 수업의 실제

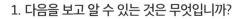

듣고 말하기 ❷ ★☆☆

이야기해 봅시다

1. 다음을 보고 알 수 있는 것은 무엇입니까?

2. 여러분의 방은 어떻습니까?

잘 들어 봅시다

3부 4과 2-1

1. 들으면서 중요한 어휘를 써 보세요.

발표자	자신	비슷하다	발표하다	방문	따뜻하다	베이지(beige) 색
벽	반기다	그림	사진	가득	걸리다/걸다	하루 종일
한쪽	햇빛	밝다	환하다	분위기	편안하다	놓이다/놓다
창밖	풍경	바라보다	잠기다/잠그다	가운데	자리 잡다	이불
베개	아끼다	인형	침대	노트북	학용품	깔끔하다
정리되다/정리하다						

2. 관계있는 것끼리 연결하세요.

1) 벽 •   • 학용품과 노트북

2) 창문 •   • 따뜻한 베이지색

3) 책상 •   • 햇빛으로 환한 분위기

4) 침대 •   • 부드러운 이불과 인형들

3. 들은 내용과 같으면 O, 다르면 X 하세요.

1) 벽에 거울이 걸려 있다.   (   )

2) 침대 옆에 큰 책장이 있다.   (   )

3) 방 중앙에 넓은 침대가 있다.   (   )

1. 1) 방문을 열자마자 따뜻한 베이지 색이 반겨줍니다.

2) 방 중앙에는 넓은 침대가 자리 잡고 있습니다.

3) 벽에는 좋아하는 그림과 사진들이 가득 걸려 있습니다.

2. 1) 부드러운 이불과 많은 베개들이 침대 위에 놓여 있습니다.

2) 창문 옆에는 편안한 의자가 놓여 있어 창밖의 풍경을 바라볼 수 있습니다.

3) 책상 위에는 필요한 학용품들이 깔끔하게 정리되어 있습니다.

들으면서
말해 봅시다

3부 4과 2-2

3부 4과 2-3

자신의 방을 묘사해 보세요. 다른 학생들은 묘사를 들으면서 친구의 방을 그리고, 그림에 대해 소개해 보세요.

내 방을 소개할게. 방문을 열자마자 _____ 색 벽이 반겨줘. 벽에는 _____ 이/가 걸려 있어. 방의 한쪽에는 _____ 이/가 있어. _____(으)ㄴ/는 분위기를 만들어 줘. 창문 옆에는 _____ 이/가 놓여 있어 _____ 을/를 할 수 있어. 방 가운데에는 _____ 이/가 자리 잡고 있어.

용은 신성한 힘을 가진 동물입니다

듣고 말하기 ❸

이야기해
봅시다

1. 다음을 보고 알 수 있는 것은 무엇입니까?

2. 여러분은 책을 얼마나 자주 읽습니까? 어떤 책을 읽습니까?

잘 들어
봅시다

3부 4과 3-1

1. 들으면서 중요한 어휘를 써 보세요.

교생 실습	예고하다	연습하다	독서	중요성	평소	흔히
양식	영양분	제공하다	지혜	정신	새롭다	아이디어
관점	사고	확장하다	마치	유지하다	표현	가치
강조하다	비유적	농부	땅	씨앗	뿌리다	자라다
열매	맺다	상상하다	주렁주렁	열리다/열다	모습	흐르다
키우다	방법	효과적	부분	밑줄	긋다	들다
느낌	메모하다	정리하다	내용	질문하다	끊임없이	사고력
문제 해결 능력						

2. 들은 내용으로 알 수 없는 것을 고르세요.

① 독서 방법

② 독서의 가치

③ 독서의 부작용

④ 독서의 중요성

3. 들은 내용과 같으면 ○, 다르면 × 하세요.

1) 책에 메모를 하면 안 된다. ( )

2) 책을 통해 새로운 아이디어를 배운다. ( )

3) 독서는 우리 몸을 건강하게 유지하는 데 도움을 준다. ( )

4. 들은 내용을 정리해 보세요.

> 흔히 독서는 마음의 _____ 말을 한다. 이것은 음식이 몸에 필요한 _____ 제공하는 것처럼 책에서 얻은 _____ 마음과 정신에 필요한 영양분을 제공한다는 것을 _____. 책을 읽으면 _____ 아이디어를 얻고 다른 _____ 이해하며 사고를 확장하게 된다. 이는 _____ 건강한 식사가 우리의 몸을 건강하게 유지하게 해 주는 것과 _____.

들으면서
말해 봅시다

3부 4과 3-2

1. 1) 독서는 마음의 양식입니다.

2) 음식이 몸에 필요한 영양을 제공하는 것처럼 책에서 얻은 지혜가 마음과 정신에 필요한 영양분을 제공합니다.

3) 이는 마치 건강한 식사가 우리의 몸을 건강하게 유지해 주는 것과 같습니다.

3부 4과 3-3

2. 1) 농부가 땅에 씨앗을 뿌리는 것처럼 우리는 책이라는 씨앗을 마음에 뿌립시다.

2) 씨앗이 자라서 나무가 되고, 그 나무에 열매가 주렁주렁 열리는 모습처럼 그 씨앗은 우리를 더 좋은 사람으로 만들어 줍니다.

함께 이야기해 봅시다

여러분만의 독서 방법이 있습니까? 다음 표를 완성하면서 친구들과 이야기해 보세요.

	누구	나만의 독서 방법
1	나	
2		
3		

memo

듣고 말하기 ❹

이야기해 봅시다

1. 다음을 보고 알 수 있는 것은 무엇입니까?

2. '가', '나', '다'의 공통점은 무엇입니까? 왜 그렇게 생각합니까?

잘 들어 봅시다

3부 4과 4-1

1. 들으면서 중요한 어휘를 써 보세요.

2. 관계있는 것끼리 연결하세요.

1) 길 •   • 당신

2) 나의 태양 •   • 인생

3) 잔잔한 호수 •   • 내 마음

4) 물이 흐르듯이 •   • 친구의 말

비유	상징	구분하다	대상	빗대다	직접적	참신하다
더욱	생생하다	대표적	직유	은유	활용하다	흐르다
매끄럽다	문장	논리적	명료하다	형식	암시적	태양
잔잔하다	호수	추상적	개념	드러내다/드러나다		구체적
나타내다/나타나다		지니다	본래	의미	의미	풍부하다
윤동주	삶	인생	사물	떠올리다/떠오르다		평화
비둘기	민족정신	태극기	들다			

3. 들은 내용과 같으면 O, 다르면 X 하세요.

1) 비유와 상징은 같다. ( )

2) 비유를 사용하면 대상을 생생하게 느낄 수 있다. ( )

3) 상징은 표현하려는 개념을 구체적인 사물로 나타내는 표현이다. ( )

4. 들은 내용을 정리해 보세요.

비유는 표현하려는 대상을 다른 대상에 _____ 나타내는 표현 방법이다. 비유를 사용하면 _____ 느낌을 줄 수 있고 더욱 _____ 느낌을 준다. '같이', '처럼', '-듯이' 등의 표현을 _____ 한 대상을 다른 대상에 직접 빗대어 표현하는 방법이 있다. 그리고 'A는 B이다', 'A의 B'라는 _____ 한 대상을 다른 대상에 _____ 빗대어 표현하는 방법이 있다.

상징은 표현하려는 추상적인 개념을 _____ 사물로 나타내는 방법이다. 시에서 상징을 사용하면 대상이 지닌 본래의 의미에서 _____ 의미로 보다 _____ 표현할 수 있다.

들으면서
말해 봅시다

3부 4과 4-2

3부 4과 4-3

1. 1) 비유는 표현하려는 대상을 다른 대상에 빗대어 나타내는 표현 방법입니다.

2) '같이', '처럼', '-듯이' 등의 표현을 활용하여 한 대상을 다른 대상에 직접 빗대어 표현합니다.

3) 한 대상을 다른 대상에 암시적으로 빗대어 'A는 B이다', 'A의 B'라는 형식으로 표현합니다.

2. 1) 친구의 말은 물이 흐르듯이 매끄러웠다.

2) 당신은 나의 태양, 내 마음은 잔잔한 호수

3) 비둘기는 평화의 상징이다.

3. 1) 비유를 사용하면 대상을 직접적으로 표현하는 것보다 참신한 느낌을 줍니다.

    2) 상징을 사용하면 표현하려는 대상을 보다 풍부하게 표현할 수 있습니다.

함께 이야기해 봅시다

비유나 상징으로 '나'를 표현해 보세요. 왜 그런 표현을 사용했습니까? 다음 표를 완성하면서 친구들과 이야기해 보세요.

	누구	나는 _____이다!	이유
1	나		
2			
3			

memo

듣고 말하기 ❺

이야기해 봅시다

1. 다음을 보고 알 수 있는 것은 무엇입니까?

가  나  나

2. 선물로 꽃을 받거나 준 적이 있습니까? 그 꽃은 어떤 꽃입니까?

잘 들어 봅시다

3부 4과 5-1

1. 들으면서 중요한 내용을 써 보세요.

2. 관계있는 것끼리 연결하세요.

1) 프리지아 •　　　　　　　• 당신만을 바라봄

2) 해바라기 •　　　　　　　• 불같이 타오르는 사랑

3) 빨간 장미 •　　　　　　　• 당신의 시작을 응원함

꽃말	여왕	대표적	프러포즈(propose)		• 분홍	• 장미
떠오르다	색깔	불	타오르다	맹세	• 노랗다	• 튤립
청순	순결	고백하다	영원하다	조심하다	• 빨갛다	• 라벤더
시기	질투	짝사랑	바라보다	새봄	• 하얗다	• 안개꽃
알리다	응원하다	입학/졸업	취업	자비롭다		• 카네이션
어버이날/스승의 날		꽃다발	향수	원료		• 프리지아
널리	안정시키다	침묵	조용하다	편안하다		• 해바라기
소중하다	전달하다					

3. 들은 내용의 주요 내용으로 알맞은 것을 고르세요.

① 꽃말의 유래

② 꽃말의 의미

③ 꽃 색깔의 종류

④ 장미를 선물하는 이유

4. 들은 내용과 같으면 O, 다르면 X 하세요.

1) 어버이날에 카네이션을 선물한다. ( )

2) 라벤더는 마음을 편안하게 해 준다. ( )

3) 노란색 장미와 튤립은 사랑을 고백할 때 주로 선물한다. ( )

5. 들은 내용을 정리해 보세요.

사랑하는 사람에게 꽃을 주로 선물하는 이유는 꽃으로 자신의 _____ 표현할 수 있기 때문이다. 꽃마다 의미하는 _____ 다르다. 장미는 _____ 사람에게 선물하는 _____ 꽃으로 _____ 따라 조금씩 다른 의미를 가지고 있다. 해바라기는 _____ 바라보는 꽃이라는 이름처럼 꽃말도 '당신만 바라봅니다'라고 한다. 프리지아는 '당신의 _____ 응원합니다'라는 꽃말을 지녀 입학이나 _____ , 취업을 하는 사람에게 많이 선물한다. 이런 꽃말을 잘 기억했다가 _____ 사람에게 마음을 잘 전달하기를 바란다.

용은 신성한 힘을 가진 동물입니다

들으면서
말해 봅시다

3부 4과 5-2

3부 4과 5-3

함께 이야기해
봅시다

1. 1) 꽃의 여왕인 장미는 사랑하는 사람에게 선물하는 대표적인 꽃입니다.

   2) 빨간 장미는 불같이 타오르는 사랑을 의미합니다.

   3) 해바라기는 말 그대로 해만 바라보기 때문에 붙여진 이름입니다.

2. 1) 프리지아는 새봄을 알리는 꽃인 만큼 시작을 응원하는 의미가 있습니다.

   2) 카네이션의 꽃말은 부모님과 스승의 자비로운 사랑을 나타내 주는 것 같습니다.

여러분의 나라를 대표하는 꽃은 무엇입니까? 그 꽃이 나타내는 의미는 무엇입니까? 다음 표를 완성하면서 친구들과 이야기해 보세요.

	누구	나라	국화	의미
1	나			
2				
3				

듣고 말하기 ❻

★ ★ ★

이야기해 봅시다

1. 다음을 보고 알 수 있는 것은 무엇입니까?

2. 여러분이 알고 있는 상상 속의 동물에는 어떤 것이 있습니까?

잘 들어 봅시다

3부 4과 6-1

1. 들으면서 중요한 내용을 써 보세요.

상상	신화	전설	공포	꼬리	여우	구미호
동아시아	변신하다	홀리다	능력	교활하다	매혹적	빗대다
해치다	존재	노력하다	뿔	모습	떠올리다/떠오르다	
알려지다	유니콘(Unicorn)		주로	영국	문학	작품
순수하다	왕족	귀족	가문	문양	쓰이다/쓰다	스코틀랜드
왕가	문장	마법	지니다	병	고치다	서양/동양
해태	고대	부릅뜨다	화재	경복궁	보호하다	광화문
쌍	선/악	가려내다	사악하다	물어뜯다	친숙하다	용
등장하다	신성하다	힘	비늘	날카롭다	발톱	수염
묘사되다/묘사하다		선조	더불어	살아가다	존재	

2. 들으면서 상상 속 동물의 이름을 쓰세요.

1) _____ 2) _____ 3) _____ 4) _____

3. 들은 내용의 주요 내용으로 알맞은 것을 고르세요.

① 신화 속 동물

② 동양의 신비로운 동물

③ 유니콘 뿔의 신성한 힘

④ 영국 문학 작품 속 동물

4. 들은 내용과 같으면 ○, 다르면 × 하세요.

1) 서양의 용은 큰 날개가 있다. ( )

2) 구미호는 변신을 잘하는 사람을 의미한다. ( )

3) 해태는 선과 악을 구별하는 능력을 가졌다. ( )

5. 들은 내용을 정리해 보세요.

나라마다 신화와 전설에 나오는 _____ 속 동물이 다르다. 구미호는 몹시 _____ 사람 또는 _____ 여성을 빗대어 말한다. 유니콘은 _____ 어린 아이와 친구로 지내는 동물로 _____. 유니콘의 _____ 마법을 지녀 어떤 병이든 고칠 수 있다. 그리고 해태는 두 눈을 _____ 전혀 무섭지 않다. 용은 _____ , 서양의 신화와 전설에 등장하는 _____ 힘을 가진 동물이다. 몸에 비늘이 있고 네 개의 발에 _____ 발톱과 긴 _____ 가진 동물로 묘사된다.

들으면서
말해 봅시다

3부 4과 6-2

3부 4과 6-3

함께 이야기해
봅시다

1. 1) 유니콘은 신성한 동물로 순수한 어린 아이와 친구로 지내는 동물로 묘사됩니다.

 2) 용은 몸에 비늘이 있고 네 개의 발에 날카로운 발톱과 큰 수염을 가진 동물로 묘사됩니다.

 3) 동양의 용은 날개가 없는 것으로 묘사되는 반면에 서양의 용은 큰 날개를 가진 것으로 묘사됩니다.

2. 1) 몹시 교활한 사람 또는 매혹적인 여성을 구미호에 빗대어 말합니다.

 2) 구미호는 사람과 함께 살고 싶어 사람이 되려고 노력하는 모습으로 그려집니다.

여러분이 알고 있는 상상 속 동물은 무엇입니까? 다음 표를 완성하면서 친구들과 이야기해 보세요.

	누구	상상 속 동물	특징
1	나		
2			
3			

4
과

용은 신성한 힘을 가진 동물입니다

223

정리

중요한 내용을 정리해 봅시다

듣고 말하기 1

듣고 말하기 2

듣고 말하기 3

듣고 말하기 4

듣고 말하기 5

듣고 말하기 6

자기 평가

무엇을 할 수 있어요?

1 묘사와 비유에 대한 설명을 이해할 수 있다. 👍👍👍

2 어떤 대상을 다양한 묘사와 비유 표현으로 나타낼 수 있다. 👍👍👍

3 묘사, 비유에 자주 사용되는 표현을 익혀서 말할 수 있다. 👍👍👍

5 돈과 행복은 분명히 관계가 있습니다

◎ 인과관계에 대한 설명을 이해할 수 있다.

◎ 인과관계를 다양한 방법으로 설명할 수 있다.

◎ 인과관계를 나타내는 데 자주 사용되는 표현을 익혀서 말할 수 있다.

다음을 보고 알 수 있는 것은 무엇입니까?

1 토끼와 거북이는 무엇을 하고 있습니까?

2 누가 이길까요? 왜 그렇게 생각합니까?

듣고 말하기 ❶

이야기해 봅시다

1. 다음을 보고 알 수 있는 것은 무엇입니까?

2. 이런 현상이 나타난 원인이 무엇이라고 생각합니까?

잘 들어 봅시다

3부 5과 1-1

1. 들으면서 중요한 어휘를 써 보세요.

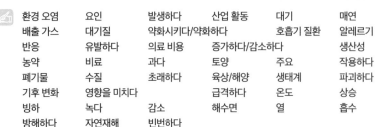

환경 오염	요인	발생하다	산업 활동	대기	매연	
배출 가스	대기질	약화시키다/약화하다		호흡기 질환	알레르기	• 자연재해
반응	유발하다	의료 비용	증가하다/감소하다		생산성	• 폭염
농약	비료	과다	토양	주요	작용하다	• 홍수
폐기물	수질	초래하다	육상/해양	생태계	파괴하다	• 가뭄
기후 변화	영향을 미치다		급격하다	온도	상승	• 태풍
빙하	녹다	감소	해수면	열	흡수	
방해하다	자연재해	빈번하다				

2. 들은 내용의 주요 내용으로 알맞은 것을 고르세요.

① 환경 오염의 유형 분류

② 환경 오염과 건강의 관계

③ 환경 오염의 원인과 결과

④ 환경 오염과 지구 온난화

3. 들은 내용과 같으면 O , 다르면 X 하세요.

1) 폭염의 증가 원인은 환경 오염과 관계없다. ( )

2) 산업 활동으로 인해 대기 오염이 발생하였다. ( )

3) 환경 오염은 대기, 토양, 수질 오염으로 구분한다. ( )

들으면서 말해 봅시다

1. 1) 환경 오염은 다양한 요인에 의해 발생합니다.

2) 산업 활동은 대기 오염의 중요한 원인이 됩니다.

2. 1) 이에 따라 호흡기 질환 및 알레르기 반응을 유발할 수 있습니다.

2) 이로 인해 의료 비용이 증가하고 생산성이 감소하게 됩니다.

3) 폐기물은 수질 오염을 초래합니다.

돈과 행복은 분명히 관계가 있습니다

함께 이야기해 봅시다

일상생활에서 환경 오염의 원인이 되는 물건이 있습니까? 어떤 물건들이 있는지 팀별로 이야기해 보세요.

일상에서 주로 사용하는 물건 중에 _____이/가 환경 오염의 원인이라고 생각해. _____은/는 _____ 오염을 초래해서 _____ 사용을 줄여야 해. 어떻게 하면 사용을 줄일 수 있을까?

우리 팀에서는 일상에서 주로 사용하는 물건인 _____과/와 _____을/를 환경 오염의 원인이라고 생각합니다. _____은/는 _____ 오염을 초래하기 때문에 _____을/를 사용하는 대신에 _____, _____, _____ 등을 사용하는 게 좋다고 생각합니다.

듣고 말하기 ❷

★ ☆ ☆

이야기해
봅시다

1. 다음을 보고 알 수 있는 것은 무엇입니까?

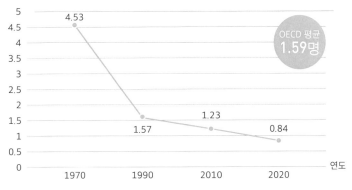

합계 출산율 추이

OECD 평균
1.59명

(통계청 '한국의 출산율 변화' 참고)

2. 이러한 변화로 인해 앞으로 어떤 문제가 생길 수 있습니까?

잘 들어
봅시다

3부 5과 2-1

1. 들으면서 중요한 내용을 써 보세요.

 저출산 현상　　출산율　　　　합계　　　　초-　　　　진출　　　전반　　　복지 정책
　　　　동반되다/동반하다　　　육아　　　가사　　　개인주의　　확산　　　가치관
　　　　물가　　　　　　양육비　　　　교육비　　　부담

2. 들은 내용의 주요 내용으로 알맞은 것을 고르세요.

① 저출산 현상의 원인

② 저출산 현상의 문제점

③ 저출산 현상의 변화 양상

④ 저출산 현상의 해결 방안

3. 들은 내용과 같으면 O, 다르면 X 하세요.

1) 합계 출산율이 낮을수록 여성의 경제 활동 비율이 낮다. ( )

2) 직장 생활과 육아, 가사를 균형 있게 조절할 수 있는 정책이 많다. ( )

3) 여성의 사회 진출과 가치관의 변화 등으로 초저출산 사회가 되었다. ( )

들으면서
말해 봅시다

3부 5과 2-2

3부 5과 2-3

1. 1) 여성의 사회 진출 증가에 비해 이에 맞는 복지나 정책이 적절하게 동반되지 못했기 때문입니다.

2) 이로 인해 직장 생활, 육아, 가사를 모두 해결할 수 있는 방법을 찾기 어려워졌습니다.

3) 양육비, 교육비의 부담과 같은 경제적 문제도 저출산의 중요한 원인이라 할 수 있습니다.

2. 1) 저출산 현상이란 사회 전반의 출산율이 낮아지는 현상을 말합니다.

2) 합계 출산율이 1.3명 이하인 경우 초저출산 사회라고 합니다.

함께 이야기해 봅시다

여러분 나라의 출산율에는 어떤 변화가 있습니까? 그 원인은 무엇입니까? 다음 표를 완성하면서 친구들과 이야기해 보세요.

	나라	20년 전 출산율	현재 출산율	원인
1				
2				
3				

현재 _____ 의 출산율은 _____. 20년 전에 비해서 _____. 한국과의 차이점/공통점은 _____. _____ 의 출산율이 _____ (으)ㄴ/는 원인은 _____, _____ 기 때문이야.

memo

이야기해
봅시다

1. 다음을 보고 알 수 있는 것은 무엇입니까?

2. 개인형 이동 장치를 탈 때 조심해야 할 것은 무엇입니까?

(한국교통안전공단 '개인형 이동 장치 사고 예방 방법')

잘 들어
봅시다

3부 5과 3-1

1. 들으면서 중요한 어휘를 써 보세요.

 개인형 이동 장치   등굣길   교통수단   주의/부주의하다   급격히
관련   현황   분석   승차   의무
개정되다/개정하다   한순간   강화되다/강화하다

• 안전모 미착용
• 안전 수칙 미준수

듣고 말하는 대학 한국어

3부 ― 대학 수업의 실제

2. 들은 내용으로 알 수 있는 것을 고르세요.

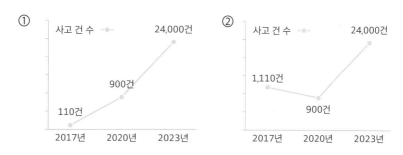

(한국교통안전공단 블로그 '개인형 이동 장치 교통사고율' 참고)

3. 들은 내용과 같으면 ○, 다르면 × 하세요.

1) 개인형 이동 장치의 수가 감소하였다. ( )

2) 개인형 이동 장치는 두 명이 타도 된다. ( )

3) 개인형 이동 장치 관련 교통사고가 증가하였다. ( )

4. 들은 내용을 정리해 보세요.

최근 6년간 개인형 이동장치와 관련한 교통사고를 _____ 결과, 2017년 110건에서 2020년에는 900건으로 _____, 2023년에는 2,400건으로 _____ 20배 넘게 증가하였으며, 사망자는 2017년 4명에서 2023년 28명으로 _____ 증가한 것을 알 수 있다. 이처럼 사고가 _____ 증가한 _____ 안전모 _____, 승차 인원 _____ 등과 같이 시민들이 안전 _____ 잘 지키지 않는 데 있다.

들으면서 말해 봅시다

3부 5과 3-2

1. 1) 개인형 이동 장치의 부주의한 사용으로 인해 교통사고가 급격히 증가하고 있습니다.

2) 사고가 급격히 증가한 원인은 안전모 미착용, 승차 인원 미준수 등과 같이 시민들이 안전 수칙을 잘 지키지 않는 데 있습니다.

3부 5과 3-3

3부 5과 3-4

2. 1) 개인형 이동 장치 관련 교통사고율을 분석한 결과, 불과 6년 만에 무려 20배 넘게 증가한 것을 알 수 있습니다.
   2) 개인형 이동 장치 관련 교통사고율을 분석해 보니 최근 6년간 20배 이상 증가한 것을 확인할 수 있었습니다.

3. 1) 사고는 한순간에 발생하는 만큼 시민들이 안전 수칙을 잘 지키는 것이 중요합니다.
   2) 사고는 순식간에 발생하기 때문에 시민들이 안전 수칙을 잘 지켜야 합니다.
   3) 주의 의무가 강화된 만큼 안전 수칙을 한 번 더 찾아보고 지키려고 노력해야 할 것입니다.
   4) 주의 의무가 강화되었으므로 안전 수칙을 확인하고 지키려는 노력이 필요합니다.

함께 이야기해 봅시다

여러분 나라에는 요즘 어떤 사회 문제가 있습니까? 다음 표를 완성하면서 친구들과 이야기해 보세요.

	나라	사회 문제	원인
1			
2			
3			

우리나라는 요즘_____.

_____은/는 _____(으)로 인해 발생했어.

듣고 말하기 ❹

★ ★ ☆

이야기해 봅시다

1. 다음을 보고 알 수 있는 것은 무엇입니까?

드라마	예능	K-POP
• 배우의 외모가 매력적이어서(18%) • 줄거리가 재미있어서(15%)	• 재미있는 게임을 해서(19%) • 출연진이 재미있고 개성 있어서(13%)	• 후렴구, 리듬이 따라하기 쉬워서(19%) • 가수의 외모와 실력이 뛰어나서(16%)

(한국국제문화교류진흥원 '2020 글로벌 한류 트렌드' 참고)

2. 한국 드라마, 영화, 가요 프로그램 중에서 여러분이 자주 보는 것은 무엇입니까?

잘 들어 봅시다

3부 5과 4-1

1. 들으면서 중요한 어휘를 써 보세요.

2. 들은 내용의 주요 내용으로 알맞은 것을 고르세요.

① 한류의 인기 요인

② 문화 콘텐츠의 발전

③ 한국 경제의 성공 요인

④ 아이돌 그룹의 UN 연설

예고하다	콘텐츠	통하다	한류	전문가	손꼽히다	인기가 식다
아이돌(Idol)	그룹	폭력	빌보드 차트(Billboard chart)	차지하다	아이콘
근절하다	연설	보편성	선진국	개발도상국	공감대	형성하다
도달하다	빈부 격차	계급	무뎌지다	비결	

3. 들은 내용과 같으면 O, 다르면 X 하세요.

1) K-POP 아이돌 그룹이 빌보드 차트 1위를 차지했다. ( )

2) 한국 콘텐츠는 선진국과 개발도상국에서 공감대를 형성한다. ( )

3) 한국의 급격한 발전은 선진국 사람들이 공감하지 못하는 부분이다.

( )

4. 들은 내용을 정리해 보세요.

> 한류 성공의 이유는 전 세계에서 _____ 한국 문화 콘텐츠의 _____ 있다. _____ 빈부 격차, _____ 사회의 문제를 한국보다 훨씬 먼저 겪은 나라들이지만 이 문제에 어느 정도 _____ 할 수 있다. 그런데 한국은 이러한 사회 문제들을 문화 콘텐츠를 통해서 _____ 표현하면서 상처를 치유한다. 이러한 점에서 선진국들은 어느 정도 _____ 만족을 느낀다고 할 수 있다.

들으면서 말해 봅시다

3부 5과 4-2

3부 5과 4-3

1. 1) 한국의 문화 콘텐츠가 전 세계에서 통하는 이유가 무엇입니까?

2) 한류 확산의 근본적인 이유는 무엇인지 한류 전문가의 이야기를 통해 알아보겠습니다.

3) 가장 큰 이유는 전 세계에서 통하는 한국 콘텐츠의 보편성에 있다고 봅니다.

2. 1) 문화 콘텐츠를 통해 직접적으로 상처를 표현한다는 점에서 선진국에서는 어느 정도 대리 만족을 느낀다고 할 수 있습니다.

2) 문화 콘텐츠를 통해 표면적으로 상처를 드러낸다는 점에서 선진국에서는 일종의 대리 만족을 느낀다고 봅니다.

3) 문화 콘텐츠는 전 세계인을 대상으로 공감을 이끌어 낸다는 점에서 지금의 인기를 만들어 내는 거라 생각합니다.

4) 문화 콘텐츠는 세계적으로 공감대를 형성한다는 점에서 지금의 인기를 만들어 내는 거라 봅니다.

3. 1) 요즘 한국 문화 콘텐츠의 인기가 식을 줄 모르고 있습니다.

　2) 양쪽 모두에서 공감대를 형성할 수 있는 위치에 도달한 것 같습니다.

함께 이야기해 봅시다

여러분이 좋아하는 한국 문화 콘텐츠에는 어떤 것이 있습니까? 그 이유는 무엇입니까? 다음 표를 완성하면서 친구들과 이야기해 보세요.

	누구	좋아하는 한국 문화 콘텐츠	이유
1	나		
2			
3			

내가 좋아하는 한국 문화 콘텐츠는 _____,

_____ (이) 야 .　그　이 유 는

_____(으)ㄴ/는 데에 있어.

듣고 말하기 ❺

이야기해 봅시다

1. 다음을 보고 알 수 있는 것은 무엇입니까?

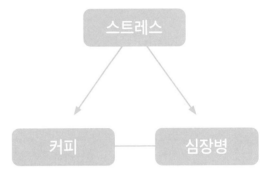

2. 스트레스와 커피의 관계, 그리고 커피와 심장병의 관계는 같습니까?

잘 들어 봅시다

3부 5과 5-1

1. 들으면서 중요한 내용을 써 보세요.

2. 관계있는 것끼리 연결하세요.

1) 인과관계 •

2) 상관관계 •

• 돈과 행복
• 스트레스와 커피 소비량
• 스트레스와 심장병 발생률
• 커피 소비량과 심장병 발생률

 상관관계   인과관계   변수   소비량   심장병
발생률   발병률   가능성   조건   의미하다

• 상관있다, 관계있다
• 상관없다, 관계없다

3. 들은 내용의 주요 내용으로 알맞은 것을 고르세요.

① 스트레스의 결과

② 돈과 행복의 관계

③ 심장병 발생률의 변수

④ 상관관계와 인과관계의 구분

4. 들은 내용과 같으면 O, 다르면 X 하세요.

1) 돈과 행복은 어느 정도 상관이 있다. ( )

2) 커피를 많이 마시면 심장병에 걸릴 확률이 높아진다. ( )

3) 두 변수가 함께 증가하는 것은 상관관계가 있다고 말한다. ( )

5. 들은 내용을 정리해 보세요.

커피와 심장병에는 어느 정도 _____ 있지만 커피를 안 마신다고 심장병에 안 걸리는 것은 아니다. 그런데 스트레스는 커피 _____ 심장병 _____ 증가시키기 때문에 서로 _____ 있다. 다른 예를 들면 돈과 행복은 어느 정도 _____ 있는 것이지 돈이 _____ 행복을 의미한다고 할 수 없다. 결국 돈은 행복과 _____ 있는 것이지 돈과 행복이 _____ 있다고 할 수 없다.

들으면서
말해 봅시다

3부 5과 5-2

1. 1) 상관관계는 한 변수가 증가하면 다른 변수도 따라서 증가하거나 감소하는 것입니다.

2) 돈과 행복은 어느 정도 상관이 있습니다.

3) 돈과 행복은 상관관계에 있는 것이지 인과관계에 있다고 할 수 없습니다.

3부 5과 5-3

2. 1) 어떤 원인으로 특별한 결과가 생기면 이 둘 사이에는 인과관계가 있는 것입니다.

2) 스트레스는 심장병 발생률을 증가시키기 때문에 이 둘은 인과관계가 있다고 볼 수 있습니다.

함께 이야기해 봅시다

우리 주변에서 상관관계나 인과관계에 있는 것은 무엇입니까? 다음 표를 완성하면서 친구들과 이야기해 보세요.

	누구	상관관계	인과관계
1	나		
2			
3			

요즘 늦잠을 자는 이유는 _____.

따라서 _____(으)ㄴ/는 것과 _____(으)ㄴ/는

것은 _____에 있어.

듣고 말하기 ❻

★ ★ ★

3부 5과 6-1

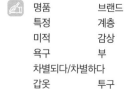

이야기해 봅시다

1. 여러분은 물건을 살 때 무엇을 중요하게 생각합니까?

2. 최근에 구입한 물건 중에서 친구에게 추천하고 싶은 물건이 있습니까? 어떤 것을 추천합니까? 그 이유는 무엇입니까?

잘 들어 봅시다

1. 들으면서 중요한 내용을 써 보세요.

2. 들은 내용의 주요 내용을 고르세요.

① 명품 소비 심리

② 명품 판매 전략

③ 명품의 구매 계층

④ 명품 브랜드의 종류

명품	브랜드	광고	드라마	접하다	구매하다	
특정	계층	일반인	상류층/비상류층		모방하다	• 베블런 효과
미적	감상	성취감	가치	소비	동조	(Veblem effect)
욕구	부	과시/과시욕	심리	수요	지위	• 스놉 효과
차별되다/차별하다		외면하다	전략	대응하다	기사	(Snob effect)
갑옷	투구	집단	소속되다/소속하다		환상	• 파노플리 효과
						(Panplie effect)

3. 관계있는 것끼리 연결하세요.

1) 스놉 효과 •   • 남들과 차별되기를 원함

2) 베블런 효과 •   • 비싼 상품 구매로 상류층임을 드러냄

3) 파노플리 효과 •   • 특정 제품을 구매하는 유명인과 동등해진다고
                                   생각함

4. 들은 내용과 같으면 ○, 다르면 × 하세요.

1) 명품은 상류층에서 구매하는 제품을 말한다.   (   )

2) 명품을 사는 데는 가치를 소비하기 위한 이유도 있다.   (   )

3) 구매자가 늘수록 명품의 인기가 높아지는 것을 파노플리 효과라 한다.

                                                                    (   )

5. 들은 내용을 정리해 보세요.

명품을 구매하는 이유로는 미적 감상, _____, 가치 소비,
동조 _____, 부의 과시, SNS에서의 _____ 과시 등이
있다. 명품과 _____ 소비 심리에는 베블런 효과, _____
효과, 파노플리 효과가 있다.
고가의 상품 구입을 통해 재산과 _____ 드러내고 싶어
하고_____ 소비가 가능한 것을 _____ 생각하는 것을
베블런 효과라 한다. 스놉 효과는 명품이라도 많은 사람들이
가지고 있는 것은 _____ 소비 심리를 의미한다.

memo

1. 1) 명품을 구매하는 이유에는 미적 감상, 성취감, 가치 소비, 동조 욕구, 부의 과시 등이 있습니다.
2) 명품을 구매하는 이유로는 미적 감상, 성취감, 가치 소비, 동조 욕구, 부의 과시 들이 있습니다.

2. 1) 일부 사람들은 고가의 상품 구입을 통해 재산과 지위를 드러내고 싶어 합니다.
2) 일부 사람들은 고가의 상품을 구입함으로써 재산과 지위를 나타내고 싶어 합니다.

3. 1) 구매자가 늘어나면서 인기가 시들해집니다.
2) 구매자가 늘어날수록 인기가 사라지게 됩니다.
3) 구매자가 늘면 인기가 떨어집니다.

여러분은 명품 소비에 대해 어떻게 생각합니까? 다음 표를 완성하면서 친구들과 이야기해 보세요.

	누구	긍정적/ 부정적	이유
1	나		
2			
3			

정리

중요한 내용을
정리해 봅시다

듣고 말하기 1

듣고 말하기 2

듣고 말하기 3

듣고 말하기 4

듣고 말하기 5

듣고 말하기 6

자기 평가

무엇을
할 수 있어요?

1 인과관계에 대한 설명을 이해할 수 있다.

2 인과관계를 다양한 방법으로 설명할 수 있다.

3 인과관계를 나타내는 데 자주 사용되는 표현을
익혀서 말할 수 있다.

6 대체 왜 해야 할 일을 미룰까요?

◎ 문제의 원인과 해결 방안을 듣고 이해할 수 있다.

◎ 문제의 원인과 해결 방안을 다양한 방법으로 설명할 수 있다.

◎ 문제의 원인, 해결 방안 설명에 자주 사용되는 표현을 익혀서 말할 수 있다.

다음을 보고 알 수 있는 것은 무엇입니까?

1 사람들은 이 행동을 왜 합니까?

2 이 행동으로 발생하는 문제점에는 어떤 것이 있습니까?

듣고 말하기 ❶

1. 여러분은 언제 SNS를 사용합니까?

2. 얼마나 자주 SNS 활동을 합니까?

3부 6과 1-1

1. 들으면서 중요한 어휘를 써 보세요.

2. SNS 중독 증상이 <u>아닌</u> 것을 고르세요.

  ① SNS 알림이 오면 바로 확인한다.

  ② SNS 사용 시간을 정해서 사용한다.

  ③ SNS 활동을 하지 못하면 화가 난다.

  ④ SNS에 수시로 새로운 게시물을 등록해야 마음이 편하다.

3. 들은 내용과 같으면 O , 다르면 X 하세요.

  1) SNS로 유익한 정보를 얻을 수 있다. ( )

  2) SNS를 많이 사용하면 대인 관계가 더욱 좋아진다. ( )

  3) SNS의 새로운 게시물을 자주 확인하는 습관은 바람직하다. ( )

SNS(Social Network Service)				
제공하다	다양하다	현대인	자리를 차지하다	유익하다	즐거움
대인 관계	심리	문제점/문제	야기하다	중독 증상	의존하다	생기다
부정적	감정	게시물	알림	즉시	확인하다	분노하다
팀을 짜다		느끼다	등록하다	반응	피드백	집착하다

들으면서
말해 봅시다

3부 6과 1-2

3부 6과 1-3

1. 1) SNS의 지나친 사용은 다양한 문제점을 야기합니다.

　　2) SNS에 지나치게 의존함으로써 일상에서 문제가 생기게 됩니다.

　　3) 가장 큰 문제는 바로 SNS 중독 증상입니다.

　　4) 대인 관계에 갈등이 생기거나 심리적으로 불안해지는 등 정신 건강에까지
　　　영향을 끼칠 수 있습니다.

2. 1) SNS는 현대인들의 일상에서 중요한 자리를 차지하고 있습니다.

　　2) 중독 증상에는 다음과 같은 것들이 있습니다.

함께 이야기해
봅시다

다음 SNS 중독 자가 진단 테스트를 이용해서 SNS 중독 정도를 스스로 진단해
보세요.

SNS 중독 자가 진단 테스트

1	SNS에 일주일에 7개 이상의 게시물을 올린다.	6	친구들과 만나는 것보다 SNS로 소통하는 게 더 편하다.
2	SNS 알람이 오면 바로 확인한다.	7	새로운 사람을 만나면 핸드폰 번호보다 SNS 계정을 물은 적이 많다.
3	사람들과 함께 있을 때에도 SNS를 수시로 확인한다.	8	하루에 1시간 이상 SNS를 한다.
4	내가 올린 게시물에 '좋아요'가 적으면 기분이 좋지 않다.	9	SNS에 집중하느라 실수하거나 다친 적이 있다.
3	'좋아요'를 많이 받기 위해 연출한 사진, 영상을 올린 적이 있다.	10	SNS을 그만두는 것은 상상할 수 없다.

(※ 3개 이하 정상, 4개 이상 중독 초기, 7개 이상 중독)

(한국에너지공단 참고)

SNS를 올바르게 활용하는 방법에는 어떤 것이 있을까요? 다음 표를 완성하면서 친구들과 이야기해 보세요.

	누구	SNS의 올바른 활용 방법
1	나	
2		
3		

SNS를 지나치게 많이 사용하다 보면 일상에서 문제가 생기게 됩니다. 가장 큰 문제는 바로 _____입니다. SNS를 올바르게 사용하기 위해서 첫째, _____아/어야 합니다. 둘째, _____아/어야 합니다.

memo

듣고 말하기 ❷

이야기해 봅시다

1. 다음을 보고 알 수 있는 것은 무엇입니까?

2. 이러한 활동은 어떤 효과가 있습니까?

잘 들어 봅시다

3부 6과 2-1

1. 들으면서 중요한 어휘를 써 보세요.

 더미
조깅(jogging)
확산되다/확산하다

어마어마하다
전환하다
공동체 의식

투기
효과
책임/책임감

플로깅(Plogging)
칼로리(calorie)
책임/책임감

합치다/합하다
소모

플로카업(Plocka upp)
이점

2. 관계있는 것끼리 연결하세요.

1) 플로깅 •   • 줍다

2) 플로카업 •   • 조깅하면서 쓰레기 줍기

3. 들은 내용과 같으면 O, 다르면 X 하세요.

1) 플로깅은 스웨덴어이다.   (   )

2) 플로깅은 조깅보다 운동 효과가 적다.   (   )

3) 플로깅은 쓰레기 투기를 막기 위해 시작되었다.   (   )

**들으면서
말해 봅시다**

3부 6과 2-2

1. 1) 건강 유지와 환경 보호라는 이점으로 플로깅이 확산되고 있습니다.

    2) 건강 유지와 환경 보호라는 장점이 있어 플로깅이 널리 퍼지고 있습니다.

3부 6과 2-3

2. 1) 이러한 확산은 공공장소의 쓰레기를 줄일 뿐만 아니라 참여자들의 공동체
      의식과 책임감을 키우는 데도 기여했습니다.

    2) 이것은 공공장소의 쓰레기를 줄이며 참여자들의 공동체 의식과 책임감을
      기르는 데도 도움이 되었습니다.

3부 6과 2-4

3. 1) 플로깅에 참여함으로써 단순히 쓰레기를 줍는 것이 아니라 환경에 대한
      책임을 다할 수 있습니다.

    2) 플로깅을 통해 단순히 쓰레기를 줍는 것에 그치지 않고 환경에 대해 책임을
      질 수 있습니다.

3부 6과 2-5

4. 1) 플로깅이란 조깅하면서 쓰레기를 줍는 운동을 말합니다.

    2) 즉 일상적인 운동을 환경 보호 활동으로 전환하는 것입니다.

환경 보호를 실천해 본 경험이 있습니까? 여러분의 학교에 환경 보호를 위한 프로그램이 있습니까? 환경 보호를 위한 교내 프로그램을 찾아보고 다음 표를 완성하면서 친구들과 이야기해 보세요.

	나라	교내 환경 보호 프로그램	특징
1	나		
2			
3			

우리 학교에는 환경을 보호하기 위한 프로그램으로 _____, _____ 등이 있습니다. 이 프로그램은 _____ (으)ㄹ 수 있어서 _____ (으)ㄴ/는 데뿐만 아니라 _____ (으)ㄴ/는 데에도 도움이 됩니다. 우리 같이 _____ 을/를 해 보는 게 어떨까요?

memo

듣고 말하기 ❸

이야기해
봅시다

1. 다음을 보고 알 수 있는 것은 무엇입니까?

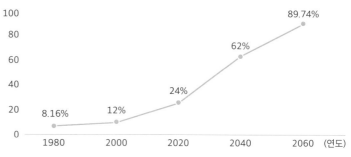

고령화 전망
생산 가능 인구(만 20~64세) 대비
노인 인구(만 65세 이상) 비율

(경제협력개발기구(OECD) '고령화' 참고)

2. 이러한 변화로 인해 어떤 문제가 발생할 수 있습니까?

잘 들어
봅시다

3부 6과 3-1

1. 들으면서 중요한 어휘를 써 보세요.

고령화	진행되다/진행하다		노인	복지	정책	추세를 따라가다
살펴보다	예산	감당하다	요양	시설	부적절하다/적절하다	
관리	일자리	경제적	사회적	고립	고독사	시급하다
창출하다	자립	참여	가능하다	삶	만족도	원동력
지속적	유연하다	근로	조건	제공하다	세대	더불어
촉진하다	기여하다	공유하다	전반적	개선	지지	

2. 들은 내용으로 알 수 없는 것을 고르세요.

　① 고령화 현상의 원인

　② 노인 복지 정책의 문제

　③ 요양 시설의 관리 문제

　④ 노인 일자리 창출의 중요성

3. 들은 내용과 같으면 ○, 다르면 × 하세요.

　1) 한국은 고령화 현상이 심각하다.　　　　　　　　　　　　（　　）

　2) 고령화에 따라 노인 복지 정책도 발전되고 있다.　　　　　（　　）

　3) 노인 복지 정책 중 가장 중요한 것은 일자리 창출이다.　　（　　）

4. 들은 내용을 정리해 보세요.

> 한국은 세계에서 가장 빠르게 _____ 진행되고 있다. 이에 따라 노인 _____ 정책이 더욱 _____ 있는데 현재의 노인 복지 정책은 빠른 고령화 _____ 따라가지 못하고 있다. 현재의 복지 예산은 노인 _____ 빠른 증가를 _____ 수가 없다. 또한 노인 _____ 시설의 경우, _____ 관리로 인한 문제들이 발생하고 있다. 이중 가장 큰 문제는 노인들이 사회에 계속 _____ 생활을 유지하도록 하는 _____ 정책이 없다는 것이다.

들으면서 말해 봅시다

3부 6과 3-2

1. 1) 노인 요양 시설의 부적절한 관리로 인해 다양한 문제들이 발생하고 있습니다.

　2) 사회적 고립으로 인한 고독사와 같은 문제도 발생하게 됩니다.

3부 5과 3-3

3부 6과 3-4

함께 이야기해 봅시다

2. 1) 가장 큰 문제는 노인들이 사회에 참여하도록 하는 일자리 정책이 없다는 것입니다.

2) 노인들의 사회 참여를 위한 일자리 정책이 없다는 것이 가장 큰 문제입니다.

3. 1) 일자리는 노인들의 경제적 자립을 가능하게 한다는 점에서 삶의 질을 높이는 중요한 원동력이 됩니다.

2) 일자리는 노인들이 경제적으로 자립할 수 있도록 한다는 점에서 삶의 질을 높이는 데 중요한 역할을 합니다.

여러분 나라의 인구 비율은 어떻습니까? 다음 표를 완성하면서 친구들과 이야기해 보세요.

	누구	나라	인구 비율(%) (1세~19세 / 20세~40세 / 41~60세 / 61세~)
1	나		
2			
3			

이야기해
봅시다

1. 다음을 보고 알 수 있는 것은 무엇입니까?

2. 최근에 관심 있게 들은 뉴스는 무엇입니까?

잘 들어
봅시다

3부 6과 4-1

1. 들으면서 중요한 어휘를 써 보세요.

 SNS(Social Network Service)   포털 사이트(portal site)   온라인/오프라인   디지털
진화   기기   공간   판을 치다   철저히   익명   순식간
동시다발적   퍼지다   규제   차단   속수무책   십상이다   왜곡되다/왜곡하다
판단력   출처   신중하다   검토하다   미디어   다각적   제공자
탐지하다   리터러시(literacy) 진실성   신뢰성   분별력

2. 들은 내용으로 알 수 없는 것을 고르세요.

① 가짜 뉴스로 인한 문제

② 가짜 뉴스 확산의 원인

③ 가짜 뉴스 구분을 위한 정부의 역할

④ 가짜 뉴스와 진짜 뉴스의 구분 방법

3. 들은 내용과 같으면 O, 다르면 X 하세요.

1) 가짜 뉴스는 잘못된 정보를 제공하여 사회 혼란을 초래한다.　　　(　　)

2) 가짜 뉴스를 제거할 수 있는 기술을 개발하는 것은 불가능하다.　　(　　)

3) 콘텐츠 제작과 공유가 동시에 이루어지므로 가짜 뉴스를 규제하기 어렵다.

（　　）

4. 들은 내용을 정리해 보세요.

> 디지털 환경의 _____ 모바일 기기 사용과 SNS, 포털 사이트 등의 온라인 공간에 _____ 참여하게 되면서 가짜 뉴스가 _____ 치게 되었다. 콘텐츠 제작과 _____ 철저히 익명으로, _____ 이뤄지고 _____ 동시다발적으로 퍼져나가기에 규제 기관의 차단이 쉽지 않아 피해자는 그야말로 _____ 당하기 십상이다.

들으면서
말해 봅시다

3부 6과 4-2

1. 1) 디지털 환경의 진화로 온라인 공간에 활발하게 참여하게 되면서 가짜 뉴스가 판을 치게 되었습니다.

2) 디지털 환경의 진화로 온라인 공간에 활발하게 참여하게 되면서 가짜 뉴스가 활개를 치게 되었습니다.

2. 1) 콘텐츠 제작과 공유가 동시다발적으로 퍼져 나가기에 가짜 뉴스를
차단하기가 쉽지 않습니다.

　2) 콘텐츠 제작과 공유가 동시에 확산되기에 가짜 뉴스를 막기가 어렵습니다.

3. 1) 피해자는 속수무책으로 당하기 십상입니다.

　2) 사람들은 대책 없이 피해를 보기 쉽습니다.

함께 이야기해 봅시다

여러분이 최근에 들은 소문은 무엇에 관한 것입니까? 그것이 사실인지 아닌지
어떻게 확인할 수 있습니까? 다음 표를 완성하면서 친구들과 이야기해 보세요.

	누구	소문	사실 확인 방법
1	나		
2			
3			

듣고 말하기 ❺

1. 다음을 보고 알 수 있는 것은 무엇입니까?

2. 여러분은 주로 무슨 일로 바쁩니까? 왜 바쁩니까?

3부 6과 5-1

1. 들으면서 중요한 내용을 써 보세요.

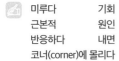

미루다	기회	놓치다	인간관계	대체	회피하다	게으르다
근본적	원인	완벽하다	실천	인상을 남기다	명령	민감하다
반응하다	내면	던지다	마감 기한	충분하다	직전	착각하다
코너(corner)에 몰리다		욕망	행복감	떨어지다	뒤처지다	

2. 일을 미루는 근본적인 원인이 <u>아닌</u> 것을 고르세요.

① 게으르기 때문이다.

② 실패를 두려워하기 때문이다.

③ 완벽하게 끝내고 싶기 때문이다.

④ 다른 사람의 명령이 싫기 때문이다.

3. 들은 내용과 같으면 O, 다르면 X 하세요.

1) 사람이 코너에 몰리게 되면 일을 잘하는 경향이 있다.　　　(　)

2) 실제로 일을 미루는 사람들은 연구 결과보다 훨씬 많다.　　(　)

3) 일을 미루는 행위가 반복되면 스트레스가 증가하게 된다.　　(　)

4. 들은 내용을 정리해 보세요.

> 사람들은 일을 미루는 _____ 있다. 그 _____ 원인으로 첫 번째, 사람들은 일을 _____ 처리하고 싶은 마음에서 일을 미룬다는 것이다. _____ 하고 싶지 않아서 일을 _____ 회피하게 되는 것이다. 이럴 때 '실천이 _____ 낫다'는 마음으로 _____ 일을 실천하는 게 다른 사람들에게도 더 좋은 _____ 남길 수 있다.

6
과

대체 왜 해야 할 일을 미룰까요?

3부 6과 5-2

1. 1) 한 연구에 따르면 성인의 20%가 일을 미루는 습관이 있다고 합니다.

2) 어떤 연구에서는 성인의 20%가 일을 미루는 습관이 있다고 발표했습니다.

3부 6과 5-3

3부 6과 5-4

2. 1) 사람들은 일을 완벽하게 처리하고 싶은 마음에서 일을 미루는 경향이 있습니다.

2) 일을 완벽하게 처리하고 싶은 사람들은 일을 미루는 경향을 보입니다.

3. 1) '실천이 완벽보다 낫다'는 마음으로 조금씩이라도 일을 시작해 보세요.

2) '시작이 반'이라고 일단 시작해 봅시다.

함께 이야기해 봅시다

여러분은 해야 할 일이 있을 때 일찍 끝내는 편입니까? 아니면 미루는 편입니까? 일을 일찍 끝냈거나 미루었을 때 어떤 결과가 있었습니까? 다음 표를 완성하면서 친구들과 이야기해 보세요.

	누구	경험	결과
1	나		
2			
3			

듣고 말하기 ❻

 ★ ★ ★

이야기해 봅시다

1. 다음을 보고 알 수 있는 것은 무엇입니까?

2. 여러분은 이러한 상황에서 어떻게 하겠습니까?

잘 들어 봅시다

3부 6과 6-1

1. 들으면서 중요한 내용을 써 보세요.

2. 들은 내용의 주요 내용으로 알맞은 것을 고르세요.

① 게임에서 이기는 방법

② 취미 생활을 잘하는 방법

③ 수학 문제를 잘 푸는 방법

④ 문제 해결 능력을 기르는 방법

6과

대체 왜 해야 할 일을 미룰까요?

수학	필수적	회계	프로그래밍	사건 수사	창의성	• 맞닥뜨리다
연기	미술	활성화	자극하다	가로세로	낱말	• 마주하다
다루다	분석하다	좌뇌/우뇌	테트리스(tetris)		퍼즐 게임	• 만나다
웹 디자인	체스	바둑	요구되다/요구하다		요하다	

3. 들은 내용과 같으면 ○, 다르면 × 하세요.

1) 문제 해결 능력은 화가에게 중요하지 않다. ( )

2) 문제 해결 능력을 기르는 방법은 어렵지 않다. ( )

3) 외국어 학습은 좌뇌와 우뇌를 동시에 발달시킨다. ( )

4. 들은 내용을 정리해 보세요.

문제를 해결하는 능력은 흔히 _____ 문제를 풀 때 필요하다고 생각한다. 그러나 문제 해결 능력은 대부분의 _____ 필수적으로 _____ 능력이며, 회계, 프로그래밍, 사건 수사부터 _____ 요구되는 연기, _____, 미술 영역에까지 필요로 하는 능력이다. _____ 활성화하기 위해서는 우리 몸의 _____ 마찬가지로 _____ 문제를 해결하는 _____ 길러야 한다.

들으면서
말해 봅시다

3부 6과 6-2

1. 1) 문제 해결 능력은 회계, 프로그래밍부터 글쓰기, 미술 영역에까지 필요로 하는 능력입니다.

2) 문제 해결 능력은 회계, 프로그래밍부터 글쓰기, 미술 영역에 이르기까지 요구되는 능력입니다.

3부 6과 6-3

2. 1) 모든 사람들은 일상생활에서 크고 작은 문제를 맞닥뜨리게 됩니다.

2) 사람들은 모두 일상생활에서 여러 가지 문제에 직면하게 됩니다.

3) 사람들은 누구나 일상생활에서 다양한 문제와 마주하게 됩니다.

함께 이야기해 봅시다

문제 해결 능력을 기를 수 있는 방법에는 또 어떤 것이 있습니까? 다음 표를 완성하면서 친구들과 이야기해 보세요.

	누구	문제 해결 능력을 기르는 방법
1	나	
2		
3		

정리

중요한 내용을
정리해 봅시다

듣고 말하기 1	
듣고 말하기 2	
듣고 말하기 3	
듣고 말하기 4	
듣고 말하기 5	
듣고 말하기 6	

자기 평가

무엇을
할 수 있어요?

1 문제의 원인과 해결 방안을 듣고 이해할 수 있다.

2 문제의 원인과 해결 방안을 다양한 방법으로
설명할 수 있다.

3 문제의 원인, 해결 방안 설명에 자주 사용되는
표현을 익혀서 말할 수 있다.

1과 입학을 진심으로 축하합니다

듣고 말하기 ❶

1부 1과 1-1

직원 여러분, 안녕하세요? 우리 대학교에 입학하신 것을 환영합니다. 저는 행정실에서 유학생을 담당하고 있는 김지수라고 합니다. 오늘은 이번 학기 학사 일정에 대해 안내하려고 합니다.

자, 여기 보세요. 이번 학기는 3월 2일 목요일에 개강하고 3월 6일부터 8일까지는 수강 정정 기간입니다. 수강 정정 기간 동안은 여러분이 수강 신청한 교과목을 변경할 수 있습니다. 그리고 3월 말에는 MT를 갑니다. MT는 동기, 선배들과 친해질 수 있는 기회니까 꼭 참석하기 바랍니다. 4월에는 중간시험이 있는데요. 4월 20일부터 26일까지입니다. 그리고 이 시험이 끝나면 여러분이 참여할 수 있는 여러 행사가 준비되어 있습니다. 4월 28일은 외국인 말하기 대회, 그리고 5월 17일부터 19일까지는 축제 기간입니다. 말하기 대회나 축제에 대한 구체적인 내용은 학교 홈페이지를 참고해 주세요.

듣고 말하기 ❷

1부 1과 2-1

학생 안녕하세요? 여러분, 반갑습니다. 저는 동아리 연합회 회장 박민수입니다. 대학 생활의 꽃은 동아리라는 말을 들어본 적 있지요?

우리 대학교에는 현재 총 56개의 동아리가 운영되고 있습니다. 소속 학부나 학과에 관계없이 누구나 원하는 동아리에 가입할 수 있습니다. 동아리에 대한 자세한 내용은 학교 홈페이지와 동아리 SNS를 통해 확인할 수 있고 직접 신청도 가능합니다.

동아리에 가입하면 장점이 많습니다. 특히 인맥을 넓히는 데 아주 좋습니다. 여러 전공의 학생들과 교류도 할 수 있고 다양한 국적의 학생들도 사귈 수 있습니다. 동아리 활동을 통해 대학 생활의 소중한 추억을 만들어 보세요.

듣고 말하기 ❸

1부 1과 3-1

사회자 다음으로 총장님의 입학 환영사가 있겠습니다.

총장 신입생 여러분, 대학 입학을 진심으로 축하합니다.

대학은 여러분의 인생을 설계하는 곳이자 많은 경험을 쌓을 수 있는 보물 창고입니다. 대학에서 다양한 경험을 해 보기를 권합니다. 왜냐하면 경험은 인생의 귀중한 자산이 되기 때문입니다. 그리고 다양한 경험을 통해 자신이 좋아하는 것, 잘할 수 있는 것을 발견할 수 있기 때문입니다.

앞으로 여러분이 대학에서 보낼 시간들은 미래를 설계하는 데 상당히 큰 영향을 미칠 것이니 알차게 보내기 바랍니다. 우리 대학의 교직원은 항상 여러분을 위해 노력하겠습니다. 여러분의 성공적인 학업 수행과 인생 설계를 위해 최선을 다할 것입니다. 우리는 여러분이 성공할 수 있도록 응원하고 지원할 준비가 되어 있습니다. 여러분은 자신을 믿고 열정을 가지고 최선을 다해 여러분의 꿈을 향해 나아가십시오. 다시 한 번 우리 대학에 입학한 여러분을 축하합니다.

듣고 말하기 ❹

1부 1과 4-1

교수   여러분, 이번 학기 잘 보내고 있지요? 기말시험이 끝나면 바로 방학입니다. 오늘 특별히 모이라고 한 이유는 방학 중에 수강 신청을 해야 하기 때문입니다. 수강 신청을 처음 하는 학생들을 위해 오늘은 수강 신청 방법을 안내하겠습니다. 수강 신청을 하기 전에 여러분의 수강 가능 학점을 먼저 확인해야 합니다. 일반적으로 18학점을 신청할 수 있지만 성적에 따라 다음 학기에 수강 신청 가능한 학점이 다를 수 있으니까 신청 전에 꼭 확인하기 바랍니다. 아, 그리고 최소 15학점 이상 이수해야 장학금을 받을 수 있는 자격이 생기니까 수강 신청 때 참고하세요.

자, 여러분, 여기 보세요. 이게 수강 신청 시스템인데요. 컴퓨터나 모바일로 모두 접속 가능합니다. 여러분, 학번과 비밀번호는 모두 알고 있지요? 로그인을 한 후에 학과를 선택하면 신청 가능한 과목이 나타납니다. 그 과목들 중에 여러분이 듣고 싶은 과목을 골라 신청하세요. 마지막으로 수강 신청이 잘 되었는지 다시 한 번 확인해 보세요. 만약 수강 신청이 잘못되었다면 잘못 신청된 과목을 삭제한 후 처음부터 다시 신청하면 됩니다.

듣고 말하기 ❺

1부 1과 5-1

직원   중앙도서관에 처음 오는 학생은 손들어 보세요. 벌써 와 본 학생들도 많네요. 도서관 어땠어요? 그렇죠. 중앙도서관에서는 다양한 것을 할 수 있어요. 처음 온 학생들을 위해 지하 1층부터 같이 가 볼까요? 지하 1층에는 24시간 개방되는 열람실이 있습니다. 열람실은 우리 대학 학생이라면 누구나 언제든지 와서 공부할 수 있습니다. 모바일 학생증으로 원하는 좌석을 선택하면 됩니다. 그리고 여러분이 공부하면서 인쇄나 복사를 해야 할 때도 있지요? 그때는 지하 1층에 있는 복사실을 이용하세요.

다음은 1층으로 올라갈게요. 1층에는 멀티미디어 자료실과 카페가 있습니다. 학기 중에는 오전 9시부터 밤 10시까지 이용 가능합니다. 컴퓨터로 동영상 강의를 들을 수 있고 DVD 시청도 가능합니다. 2층, 3층에는 책을 빌릴 수 있는 자료실이 있습니다. 대학생들은 책 10권을 14일 동안 대출할 수 있습니다. 그리고 이곳에서는 책도 빌릴 수 있고 공부도 할 수 있습니다. 2층에는 인문 예술에 관련된 책이 있고 3층에는 사회 과학 책이 있습니다. 우리 도서관은 190만 권 정도의 책을 보유하고 있으니 여러분이 공부할 때 적극적으로 활용하면 좋겠습니다. 마지막으로 4층에는 그룹 학습실이 있습니다. 그 밖에도 식당, 문구점이 있습니다. 도서관에서 할 수 있는 일이 생각보다 많지요?

듣고 말하기 ❻

학생 1 이번에도 장학금을 받았다고 하던데 어떻게 하면 장학금을 받을 수 있는지 좀 알려 주세요.

학생 2 그냥 열심히 공부하면 돼요.

학생 1 아, 조금 더 자세히 말해 주세요. 저도 장학금 받으면서 학교에 다니고 싶어요. 좀 도와주세요.

학생 2 알겠어요. 우리 학교에는 교내 장학금으로 성적 장학금하고 근로 장학금이 있어요.

학생 1 근로 장학금이요? 그게 뭐예요?

학생 2 교내 도서관이나 식당에서 일을 하면서 받는 장학금이에요. 근로 장학금은 아르바이트 경험도 쌓으면서 장학금을 받을 수 있는 거라 두 마리 토끼를 다 잡는 것과 같다고 할 수 있어요. 그리고 한국 학생과도 친해질 기회가 많고 근무 시간도 길지 않아요.

학생 1 그런 장학금이 있군요. 진짜 좋은 것 같아요.

학생 2 그렇죠? 그리고 학교 밖에서 받을 수 있는 교외 장학금도 있어요.

학생 1 교외 장학금은 또 뭐예요?

학생 2 음…. 학교가 아닌 기관에서 주는 장학금인데 보통 기업에서 줘요. 내 친구는 한국 회사의 장학생으로 선발되어서 지금 한국에서 공부하고 있어요.

학생 1 정말 부럽네요.

학생 2 장학금을 받을 수 있는 기회가 생각보다 많아요. 어떤 장학금이 있는지 알고 싶으면 학교 홈페이지나 포털 사이트에서 '장학금'을 검색해 보세요. 내가 말한 거 말고도 장학금 종류가 정말 다양해요.

학생 1 당장 찾아볼게요.

학생 2 아, 그리고 보통은 어떤 장학금이든지 학점이 중요하니까 학점 관리는 평소에 잘해야 되는 거 알지요?

1부   2과 한국어를 아주 유창하게 잘하시는데요?

듣고 말하기 ❶

학생 1 다음 주 수요일부터 우리 학교에서 축제 하는 거 알아요? 같이 갈래요?

학생 2 아, 축제요? 몰랐어요. 대학 축제에 한 번도 안 가 봤어요. 그런데 대학 축제에선 뭘 해요?

학생 1 학교 홈페이지에서 봤는데 가수가 와서 공연을 한대요.

학생 2 정말요? 가수가 와요?

학생 1 네, 야외 강당에서 공연을 해요. 공연 말고도 다양한 프로그램이 있었어요.

학생 2 그래요? 나도 한번 찾아봐야겠어요.

학생 1 학교 홈페이지에서 꼭 찾아보세요. 참, 여러 체험 활동도 무료로 할 수 있어요. 예를 들면, 가상현실, 드론, 에코백 만들기 체험 등이 있어요. 그리고 축제 기간에는 학과나 동아리에서 여러 가지 음식하고 음료수도 판매요.

학생 2   정말 다양한 프로그램이 많네요. 꼭 가 보고 싶어요.

학생 1   우리 같이 가요.

듣고 말하기 ❷

1부 2과 2-1

학생 1   우리 이번 MT는 어디로 가면 좋을까? 음, 신입생들은 경주나 설악산에 가고 싶어 하는 것 같아.

학생 2   우리 과에서는 설악산에 한 번도 안 가 보기도 했고 가을 단풍은 설악산이 유명하기도 하니까 설악산에 가 보자.

학생 1   좋아. 사전 답사는 언제 가는 게 좋을까?

학생 2   중간시험이 끝나고 다음 주에 가는 건 어때?

학생 1   음..., 금요일에 수업이 없으니까 금요일에 같이 가자.

학생 2   그래. 금요일에 가자. 사전 답사하면서 숙소하고 교통편도 정하자.

학생 1   그런데 MT 참가 신청은 받고 있지?

학생 2   물론이지. 신입생들도 많이 신청해서 벌써 서른 명이 넘었어.

학생 1   벌써? 그럼 참가자가 쉰 명은 될 것 같은데? 한 쉰 명 정도가 간다고 생각하고 예산도 짜 보자.

듣고 말하기 ❸

1부 2과 3-1

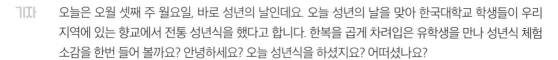

기자   오늘은 오월 셋째 주 월요일, 바로 성년의 날인데요. 오늘 성년의 날을 맞아 한국대학교 학생들이 우리 지역에 있는 향교에서 전통 성년식을 했다고 합니다. 한복을 곱게 차려입은 유학생을 만나 성년식 체험 소감을 한번 들어 볼까요? 안녕하세요? 오늘 성년식을 하셨지요? 어떠셨나요?

학생   안녕하세요? 저는 우즈베키스탄에서 온 자보키르라고 합니다. 오늘 처음으로 한국 문화 체험을 했는데 그게 성년식이라서 더욱 뜻깊었습니다. 그리고 성년식을 통해서 옛날부터 전해 내려오는 한국 문화를 직접 체험할 수 있어서 좋았습니다. 사실 처음에는 성년식이 뭔지, 어떻게 하는지 잘 몰랐는데 직접 경험을 해 보니까 성년식에 대해 더 잘 알게 된 것 같습니다. 그리고 한복도 입고 갓도 처음 써 봤는데 매우 색다른 경험이었습니다. 이런 기회를 주셔서 정말 감사합니다.

듣고 말하기 ❹

1부 2과 4-1

직원   안녕하세요? 여러분, 반갑습니다. 저는 국제교류팀에 있는 이미소입니다. 우리 학교에는 여러분과 같은 외국인 유학생들이 참여할 수 있는 다양한 행사가 있습니다.

먼저, 한국 음식 문화를 체험하는 행사가 있는데요. 전통주 담그기, 떡 만들기, 비빔밥 만들기가 있습니다. 이 행사에서는 한국 음식을 직접 만들고 시식을 합니다. 그리고 여러분 나라의 음식 문화를 한국 사람에게 소개할 수 있는 시간도 있습니다. 한국 음식 문화뿐만 아니라 여러 나라의 음식 문화까지 알 수 있는 좋은 기회가 되겠지요?

또 다른 행사로는 우리 지역에 거주하는 모든 외국인이 참여할 수 있는 '외국인 축구 대회'도 있습니다. 축구 경기를 통해 유학생뿐만 아니라 근로자, 결혼이민자 등 이 지역에 거주하는 외국인들이 서로 교류하고 우정을 쌓을 수 있습니다. 축구에 관심이 있는 외국인이라면 누구든지 참여할 수 있습니다.

이외에도 다양한 행사들이 오늘 나눠 드린 소책자에 소개되어 있습니다. 관심이 있는 행사가 있다면 꼭 참여해 보세요. 이런 행사에 참여하면 새로운 경험을 할 수 있고, 여러 나라 사람들과 친목을 도모할 수 있습니다. 추가로 궁금한 점이 있으시면 언제든지 국제교류팀으로 연락해 주시기 바랍니다.

듣고 말하기 ❺

1부 2과 5-1

학생 기자 오늘은 외국인 말하기 대회에서 대상을 받은 경영학과 3학년 수지타 학생과 만나는 시간입니다. 수지타 학생, 우선 자기소개를 부탁합니다.

학생 안녕하세요, 여러분. 저는 인도에서 온 수지타입니다. 저는 지난달에 외국인 말하기 대회에서 대상을 받았습니다. 아직 한국어가 부족한데 이런 큰 상을 받게 되어 얼떨떨합니다.

학생 기자 한국어를 아주 유창하게 잘하시는데요? 말하기 대회에 나가게 된 동기가 궁금합니다.

학생 지도 교수님의 적극적인 추천으로 나가게 되었습니다. 처음 교수님께 이 대회에 대해 들었을 때는 한국어를 잘하지 못해서 자신이 없었습니다. 그런데 교수님께서 많이 응원해 주시고 도와주셔서 참가하게 되었습니다.

학생 기자 이 대회를 통해서 얻은 것이 있습니까?

학생 이 대회에서 얻은 가장 값진 경험은 베트남, 인도네시아, 우즈베키스탄, 몽골 등 다양한 나라에서 온 참가자들과의 교류였습니다. 다양한 문화와 배경을 가진 참가자들과 친해지게 되어 아직까지 연락하고 있습니다. 저는 이 대회를 통해 한국어 실력이 늘었고 친구들도 많이 사귀고 자신감도 얻게 되었습니다.

학생 기자 마지막으로 하실 말씀 있을까요?

학생 아, 저를 많이 도와주신 지도 교수님께 감사 인사를 꼭 드리고 싶습니다.

듣고 말하기 ❻

1부 2과 6-1

학생 1 여러분, 안녕하세요? 제10회 한국대 유학생 체육 대회에 오신 여러분을 환영합니다. 저는 오늘 사회를 맡은 이지수입니다.

학생 2 안녕하세요? 저는 함께 진행을 맡은 유학생 대표 마이클이라고 합니다. 오늘 많은 학생들이 참여하였는데요. 다들 연습을 많이 했을 거라고 생각합니다.

학생 1   이번 체육 대회는 유학생들이 친목을 도모하기 위해 열리는 특별한 행사입니다.

학생 2   맞습니다. 이번 체육 대회에서는 축구, 농구, 이어달리기, 줄다리기 등 다양한 종목을 통해서 학생들의 열정과 재능을 뽐낼 겁니다.

학생 1   이번 대회에는 경기뿐만 아니라 다양한 행사와 경품이 많이 준비되어 있습니다. 오늘 오신 모든 유학생을 대상으로 추첨을 통해 경품을 드리니까 기대 많이 해 주세요.

학생 2   개회식 이후에는 여러 경기가 동시에 진행될 겁니다. 우선 축구 경기는 2시 30분부터 축구장에서, 농구 경기는 3시부터 실내 체육관에서 시작될 예정입니다.

학생 1   참가자들은 경기 시작 시간 20분 전까지 해당 장소에 모여 주시기 바랍니다. 대회 시작 전에 준비 운동을 철저히 해 주셔야 합니다. 부상이나 사고가 없도록 꼭 주의해 주세요.

학생 2   또 다과도 마련되어 있으니 이야기를 나누면서 경기를 즐기시기 바랍니다.

학생 1   마지막으로 모든 경기가 종료된 후에는 시상식이 있습니다. 끝까지 많은 응원 바랍니다.

학생 2   자, 이제 대회를 시작하겠습니다.

1부   3과 졸업하면 무슨 일을 하고 싶어요?

듣고 말하기 ❶   1부 3과 1-1

교수   대학생으로서 지내는 몇 년은 여러분의 인생에서 매우 중요한 시간이 될 것입니다. 여러분이 대학 생활을 어떻게 설계하고 실천하냐에 따라 앞으로 여러분의 진로가 결정된다고 볼 수도 있죠. 우리 학교에서는 학생들이 대학 생활을 보람차게 보내면서 진로를 찾는 데 도움을 주기 위해 여러 가지 교과-비교과 프로그램을 마련하고 있습니다.

먼저 교과 프로그램에는 1학년 때 신입생들이 필수적으로 들어야 하는 '대학생활설계'라는 교과목이 있는데요. 이 시간에는 지도 교수님과 상담하며 여러분의 대학 생활을 전반적으로 진단하고 진로 탐색을 위한 시간을 갖습니다. 그리고 2학년이 되면 '진로탐색'이라는 교과목을 이수해야 합니다. 이 두 수업은 체계적인 진로 탐색을 위해 연계되어 있기 때문에 반드시 들어야 합니다. 3학년에서는 '취업설계'를 필수로 이수해야 합니다. 여러분들은 학교에서 학년별로 정해 준 교과목을 그대로 신청하면 됩니다.

자, 이번에는 진로 탐색을 위한 비교과 프로그램에 무엇이 있는지 알아볼까요?

듣고 말하기 ❷

1부 3과 2-1

강연자 오늘은 SWOT 분석 방법을 사용해서 여러분 스스로 자신에 대해 객관적으로 탐색해 보고 분석 결과를 바탕으로 진로를 찾아보려고 합니다. SWOT 분석에 대해 들어본 적이 있나요? 아, 별로 없네요. 그럼, 먼저 SWOT 분석이 무엇인지 간단히 소개하고 시작하겠습니다. SWOT 분석은 사람이나 조직을 분석하여 전략을 세우는 도구입니다. 강점, 약점, 기회, 위협을 나타내는 영어 단어의 첫 글자로 이루어져 있습니다.

강점은 여러분이 잘하는 것을 말하겠죠? 내가 다른 사람들과 비교했을 때 어떤 부분에서 더 우수한 성과를 내는지 살펴보는 거예요. 반대로 약점은 개선이 필요한 부분입니다. 내가 아직 부족하거나 발전이 필요한 영역을 파악하는 거죠. 부족한 것을 파악했으면 좋은 방향으로 바꿔야 되겠죠? 이번에는 기회인데요. 여기서 기회는 내가 성장하고 발전할 수 있는 기회를 의미합니다. 외부 환경에서 찾을 수 있는 긍정적인 조건들을 기회라고 할 수 있습니다. 위협은 내가 만날 수 있는 어려움입니다. 이것은 기회와 반대로 외부 환경에서 찾을 수 있는 부정적인 요소입니다. 이제 SWOT 분석이 무엇인지 이해했나요? 지금부터 SWOT 분석을 해 보겠습니다.

듣고 말하기 ❸

1부 3과 3-1

학생 안녕하세요? 저는 한국은행에서 일하고 있는 경영학과 졸업생 박민수라고 합니다. 여러분, 졸업 후 진로에 대해 고민이 많죠? 오늘은 제 경험을 살려서 여러분이 대학에 다니는 동안 꼭 했으면 하는 것을 중심으로 이야기하고자 합니다.

1학년들은 대학 생활이 새롭고 낯설 수밖에 없습니다. 낯설면 모든 것이 어렵게 느껴지기 때문에 우선은 대학 생활에 잘 적응하는 것이 중요합니다. 다양한 경험을 하다 보면 의외로 대학 생활에 빨리 익숙해질 수 있습니다. 그래서 1학년 때는 여러 가지 새로운 것에 도전해 봤으면 합니다. 다양한 경험과 새로운 도전을 통해서 여러분의 적성도 찾을 수 있고 인간관계도 넓힐 수 있습니다. 이건 여러분에게 큰 자산이 될 것입니다. 그리고 여러분의 진로에 대해 구체적으로 고민해 보는 것이 좋습니다. 진로를 고민하기 전에 여러분의 적성과 흥미를 정확히 알고 있어야 합니다. 그러기 위해서는 진로 적성 검사를 받아보는 것이 도움이 될 것입니다.

또 무엇을 하면 좋을까요? 흥미 있는 분야와 관련된 자격증을 준비해 보는 것도 괜찮습니다. 여기 한번 볼까요? 취업에 도움이 되는 자격증들을 정리해 봤는데요. 정말 여러 가지 자격증이 있지요? 특히 빅데이터 분석 자격증, 한국사 자격증은 취업할 때 가산점을 주는 회사가 많이 있습니다. 여러분은 무슨 자격증에 관심이 있어요? 관심이 있는 자격증이 있으면 한번 도전해 보세요.

3, 4학년에는 인턴 프로그램에 지원해 볼 수도 있습니다. 인턴 활동을 통해 여러분이 하고 싶어 하는 일을 직접 경험해 보는 것이죠. 자, 이제 무엇을 해야 하는지 조금씩 감이 잡히지요?

듣고 말하기 ④

1부 3과 4-1

직원 지난 방학에는 1, 2학년을 대상으로 진로 탐색 프로그램이 있었는데요. 다가오는 여름 방학에는 3, 4학년을 대상으로 하는 진로 캠프를 개최할 예정입니다.

이번에도 실용적이고 취업 역량을 강화하는 많은 프로그램이 준비되어 있는데요. 먼저, 취업 멘토링 프로그램이 있습니다. 실제 현장에서 일하고 계신 분들을 모셔서 기업과 직무에 대해 들어보고 여러분들이 궁금한 것이 있으면 바로 해소할 수 있도록 토크쇼 형식으로 진행됩니다. 취업에 도움이 되는 꿀팁들이 많이 소개될 테니 꼭 참여해 보세요.

그리고 취업 전략, 입사 지원서 작성법, 모의 면접 등 취업을 준비하고 있는 학생들에게 매우 유용한 프로그램이 많이 준비되어 있으니까 취업 준비생이라면 꼭 참가하기를 바랍니다.

아, 회사에 지원할 때는 사진이 필요한 경우도 참 많이 있습니다. 그래서 준비했습니다. 헤어, 메이크업 전문가와 사진작가도 모셨는데요. 이번 진로 캠프 기간 동안 계속 함께 하니 필요하신 분은 언제든 도움을 청하기 바랍니다.

듣고 말하기 ⑤

1부 3과 5-1

연구원 여러분, 심리 검사를 해 본 적이 있나요? 이전에 언급한 것처럼 오늘은 여러 심리 검사 중 우리에게 꼭 필요한 직업 선호도 검사를 같이 해 볼 건데요. 이 검사를 통해 여러분의 흥미 유형과 여러분에게 적합한 직업도 알아볼 수 있어요. 조금 더 자세히 설명하면 이 검사는 개인의 흥미를 측정하고 이를 토대로 흥미 유형을 제시해 줍니다. 흥미 유형은 이론 시간에서 언급한 홀랜드의 흥미 유형 분류에 근거해서 현실형, 탐구형, 예술형, 사회형, 진취형, 관습형 등 6가지로 나뉘어요.

각 유형의 특징과 직종도 한번 알아볼까요? 먼저 현실형 점수가 높게 나온 사람은 활동적이고 일을 좋아하는 편입니다. 그래서 기술자, 조종사, 엔지니어 같은 일이 적성에 맞습니다. 탐구형 점수가 높은 사람은 관찰하고 탐구하며 사고하는 일을 좋아합니다. 언어학자, 심리학자, 과학자와 같은 쪽으로 진로를 생각해 보시면 좋을 것 같습니다. 그리고 예술형 점수가 높은 사람은 창의적이고 변화를 추구하는 일을 좋아하므로 예술가, 음악가, 무대감독 등의 직업을 추천합니다. 사회형 점수가 높은 사람은 사람들과 교류하고 협력하는 일을 좋아하니까 사회복지사, 교육자, 간호사 등이 적합합니다. 또한 진취형 점수가 높은 사람은 목표를 정하고 성취하도록 이끄는 것을 좋아하므로 기업 경영인, 정치가, 판매원 등의 직업을 추천합니다. 마지막으로 관습형 점수가 높은 사람은 조직적이고 안정적이며 체계적인 일을 좋아합니다. 이 유형에 딱 맞는 직업으로는 공인 회계사, 경제 분석가, 안전 관리사 등이 있습니다.

자, 그럼 검사를 시작해 봅시다. 검사를 할 때 시간제한은 없지만 너무 깊게 생각하지 말고 문항을 읽으면서 바로 답해 보세요.

학과장　여러분, 안녕하세요? 대학 생활에 잘 적응하고 있지요? 우리 학과 수업에도 어느 정도 익숙해졌을 것 같은데요. 오늘은 여러분에게 우리 학과의 교육 목표와 특징, 그리고 교육 과정에 대해 구체적으로 안내하기 위해 이 자리를 마련했습니다.

다들 잘 알다시피 한국어교육학과의 목표는 지구촌에서 한국어로 소통하는 한국어 교육 전문가를 양성하는 것입니다. 전 세계에서 한국어를 가르치는 사람이 바로 한국어교원인데요. 우리 과는 한국어교원을 양성하기 위한 맞춤형 교육 과정을 운영하고 있습니다. 한국어교육 전공자로서 한국어교원자격증을 받을 때 필요한 과목을 모두 이수하면 졸업과 동시에 한국어교원자격증을 취득할 수 있습니다. 한국어교원자격증이 있으면 해외의 세종학당이나 고등학교, 대학교에서 한국어교원이 되거나 국내 다양한 기관에서 한국어교원으로 활동할 수 있습니다.

우리 학과 교수님들은 다 만나 봤지요? 우리 교수님들은 모두 20년 이상 외국인에게 한국어를 가르치신 분들입니다. 그래서 전공 수업을 들으면서 한국어 교육에 유용한 다양한 교육 방법을 배울 수 있습니다.

참, 우리 학과에는 외국인 유학생도 있지요? 유학생들도 한국어교원 자격증을 받을 수 있는데요. 유학생들은 우리 학과 교육 과정도 이수해야 하고 한국어능력시험 6급에도 합격해야 합니다. 유학생들에게는 전공 공부도 중요하고 고급 수준의 한국어 의사소통 능력도 필수입니다. 그러니 열심히 공부하세요.

자, 그럼 이번에는 한국어 교육 전문가가 되려면 4년 동안 무슨 과목을 수강해야 하는지 학년별 이수 교과목에 대해 자세히 살펴볼까요?

2부　　　1과 다음 주에는 현장 실습을 합니다

듣고 말하기 ❶　　　　　　　　　　　　　　　　　　　　2부 1과 1-1

교수　안녕하세요? 저는 이번 학기, '학술적글쓰기' 수업을 맡은 박수정입니다. 이 과목에서는 여러분들이 글로벌 인재로 성장하는 데 꼭 필요한 의사소통 능력인 글쓰기 능력을 강화하고자 합니다. 이를 위해 우리 수업은 7주차까지 글쓰기의 기초 이론을 체계적으로 익히고 이를 바탕으로 9주차부터는 다양한 형태의 글쓰기를 실습할 겁니다. 리포트와 시험 답안 작성, 수업 내용 정리와 같이 대학 생활에 필요한 글쓰기 능력을 기르는 데 도움이 될 거예요.

'학술적글쓰기'는 신입생을 위한 교양 필수 과목으로 3학점이고, 수업은 화요일과 목요일, 한 시 반부터 세 시까지 있으니 늦지 말고 오시고요. 교재는 교내 서점에서 구입할 수 있습니다. 수업 후에 질문이 있으면 수업 계획서에 안내된 이메일 주소로 메일을 보내 주세요. 혹시 면담을 하고 싶으면 미리 이메일로 면담 시간을 정하도록 합시다.

듣고 말하기 ❷

교수　이어서 평가 방법에 대해 안내할게요. 우리 수업에서 평가는 중간시험과 기말시험, 출석과 과제로 이루어집니다. 중간시험 30%, 기말 시험 30%, 출석과 과제는 각각 20%입니다. 평가에서 시험이나 과제도 물론 중요하지만 출석은 수업 태도와도 직결되기 때문에 대학 수업에서 매우 중요합니다.

출석은 수업 시간마다 기본적으로 스마트 출결로 확인하지만 수업 중에도 수시로 여러분의 이름을 부르면서 확인할 겁니다. 수업 시간에 10분 이상 늦게 오면 지각이고 지각을 세 번 하면 결석 한 번으로 처리됩니다. 수업 시간에 몸이 안 좋아서 일찍 나가는 경우에는 조퇴인데, 조퇴도 세 번 하면 지각과 같이 결석 한 번으로 됩니다. 다시 말해 지각이든 조퇴든 세 번 이상은 결석이 된다는 거 꼭 기억하세요. 결석을 여덟 번 이상 하면 자동으로 F학점이 되니 결석을 하지 않도록 합시다. 물론 몸이 아파서, 또는 학과 행사나 공식적인 일로 결석할 경우, 관련 서류를 제출하면 출석으로 인정됩니다. 더 궁금한 거 있으면 질문하세요.

듣고 말하기 ❸

교수　안녕하세요? 이번 학기 '건축학개론'을 맡은 한준석입니다. 수업 계획서에 우리 수업에 대해 자세하게 소개되어 있는데 수업 계획서를 아직 못 본 학생들을 위해서 수업에 대해 간단히 소개하겠습니다.

우리 수업의 목표는 건축가의 역할과 건축 전반에 대한 기초 개념을 배우는 것입니다. 교재는 '건축학의 이해'입니다. 가끔 교재 없이 수업을 듣는 학생들도 있던데 교재를 중심으로 수업을 진행할 거니까 반드시 교재를 가지고 오세요.

그리고 이 과목은 격주로 대면과 비대면 수업이 병행됩니다. 이번 주에는 대면 수업이니까 다음 주에는 비대면 수업인 거죠? 비대면 수업은 LMS에서 동영상으로 듣습니다. LMS에 주차별로 수업 동영상과 퀴즈가 있으니 수업을 다 듣고 퀴즈를 풀어야 합니다. 그리고 그다음 주에는 대면 수업을 들으러 학교에 와야 하고요. 대면 수업 시간에 수업 내용을 잘 이해하려면 비대면 수업을 꼭 듣고 와야 합니다. 비대면 수업을 잘 이해했는지 대면 수업 시작하자마자 퀴즈로 점검할 거예요.

LMS를 자주 사용하니까 사용 방법도 잘 알고 있어야 합니다. 스마트폰으로도 강의 동영상을 볼 수 있는데 LMS에 들어가서 어떻게 볼 수 있는지 지금 함께 확인해 볼까요?

듣고 말하기 ❹

교수　안녕하세요? 글로벌비즈니스학과의 학과장 정우정입니다. 대학 생활을 슬기롭게 잘하기 위해 알아야 할 것들이 참 많은데요. 오늘은 교과목과 관련된 것을 몇 가지 소개하고자 이렇게 모이게 되었습니다.

먼저 수강 신청할 때 교양과목과 전공과목이 구분되어 있는 걸 본 적이 있죠? 그리고 교양과목은 교양 선택과 교양 필수, 전공과목은 전공 선택과 전공 필수로 다시 구분됩니다.

일단 필수라는 말이 있으면 꼭 들어야 하는 걸 의미합니다. 필수 과목을 안 들으면 졸업할 수가 없어요. 그러니까 전공 필수는 우리 학과 전공을 이수하기 위해서 꼭 들어야 하는 과목을 말해요. 그리고 전공 선택은 전공과목이라도 반드시 들어야 하는 건 아니니깐 듣길 원하는 과목을 신청하세요. 그럼 교양 선택이랑 교양 필수도 구분할 수 있겠죠?

또 졸업 이수 학점과 같은 필수 이수 학점도 잘 알아야 합니다. 이걸 잘 몰라서 필수 과목을 안 들었거나 학점이 모자라서 졸업하는 데 문제가 생기는 경우들이 있습니다.

그리고 우리 학교에는 여러분들이 학업을 잘 수행하는 데 도움을 줄 수 있는 '대학생활설계'라는 과목이 개설되어 있습니다. 학과마다 여러분을 담당하는 지도 교수님이 있는데요. 지도 교수님과 만나서 일대일로 상담을 하거나 그룹으로 상담을 할 수 있습니다. 학업과 진로에 관해 고민하고 있다면 부담 갖지 말고 지도 교수님과 상의하여 여러분의 대학 생활과 진로를 성공적으로 설계해 보도록 하세요.

듣고 말하기 ❺

교수 '태권도기본기술' 교과목에 대해 잠깐 소개하고 수업을 진행하도록 할게요. 이 과목은 전공 선택 과목으로 수련생이 유급자 단계에서 수행해야 할 기본적인 서기와 손동작, 발차기, 점프, 구르기, 격파, 태권 체조를 학습합니다. 태권도의 기본 기술 이론을 배우는 것뿐만 아니라 각 동작에 대한 개념과 방법을 익히고 동작을 반복 연습함으로써 실기 능력을 기르도록 합니다. 그리고 익힌 기술들을 다른 학생들에게 직접 가르치며 지도자로서의 역량도 기르도록 할 겁니다.

선수 과목이 정해져 있으니 그 과목을 수강한 학생들만 이 수업을 신청할 수 있습니다. 선수 과목은 수업 계획서에서 확인하도록 하세요. 그리고 이 수업은 실기시험으로만 평가합니다. 중간시험은 1주차부터 7주차까지, 기말시험은 9주차부터 14주차까지 배운 내용으로 실기시험을 볼 예정입니다. 과제는 태권도 발차기 기술 중에 세 가지 기술에 대한 원리와 지도 방법을 A4 용지 세 장 분량으로 작성해서 7주차까지 LMS에 제출하세요. 제출 기한을 확인하고 기한 안에 꼭 내야 합니다.

그리고 실습 시간에는 태권도 도복을 착용하고 와야 하는데 그렇지 않을 경우 태도 점수에서 감점을 합니다. 물론 실기시험을 볼 때도 도복을 입어야 합니다. 다음 시간에는 막기 동작 열두 가지 방법을 배울 거니까 지난 학기에 배운 여덟 가지 서기 동작을 반드시 복습하고 와야 합니다.

듣고 말하기 ❻

교수 여러분, 현장 실습수업은 처음이죠? 직접 현장에 나가서 실습을 해야 하기 때문에 기대와 걱정이 동시에 있을 겁니다. 그래도 여러분들이 배운 내용을 실습하는 만큼 졸업 후에 현장에 바로 투입되더라도 당황하지 않고 잘 해낼 수 있을 거라 생각합니다. 그럼 이 과목의 진행 방식에 대해 잠깐 설명하겠습니다. 직접 현장에 나가서 실습을 하는 실습 과목이라 이론 수업과는 진행 방식이 다릅니다. 그렇다고 100% 실습만 하는 건 아닙니다. 실습을 나가기 전에 들어야 하는 수업이 있습니다.

총 15주 중에서 1주차부터 3주차까지는 교실에서 수업을 합니다. 이 수업을 통해 실습 현장에서 도움이 될 만한 사례를 살펴보고 토론을 통해 대처 방법을 함께 찾아보도록 합니다. 현장에서 발생할 수 있는 돌발 상황에 적절한 대처 방법을 미리 찾아보면서 실습을 대비하게 됩니다.

그리고 4주차부터 6주차까지 3주 동안, 배정된 기관에서 실습을 합니다. 미용 현장에서 전문 미용사로서의 역할을 수행하고 실습 기관에서 평가를 받는 것으로 실습을 끝내게 됩니다. 이 기간 동안 작성한 일지는 7주차에 LMS에 제출해서 중간 평가를 받습니다.

8주차부터 14주차까지는 여러분들이 현장에서 경험하고 느낀 것을 발표하면서 서로 공유하도록 하겠습니다. 저의 피드백과 수업을 함께 듣는 학생들의 피드백을 통해 실습을 점검하고 마무리하겠습니다. 혹시 여기까지 질문이 있습니까? 그럼 실습 기간 동안 궁금한 게 있으면 LMS 질문 게시판에 문의하기 바랍니다.

2부　　　2과 A+를 받는 비결이 뭐예요?

듣고 말하기 ❶

2부 2과 1-1

학생　선배, 이번에도 모두 A+ 받으셨다면서요? 축하해요. 도대체 비결이 뭐예요? 좀 알려 주세요.

학생　수강 신청할 때 과목을 잘 선택하는 게 제일 중요하지 않을까? 내가 관심 있고 좋아하는 과목을 선택해야 한 학기 동안 재미있게 공부할 수 있어. 그리고 수업 시간에 결석하지 않고 앞자리에 앉아서 수업을 들어 봐. 수업에 집중하는 데 참 좋아.

학생　또 다른 방법 없어요?

학생　또 수업을 듣다가 궁금한 것이 생기면 그날 바로 해결하는 게 좋아. 수업 시간에 교수님께 질문을 드리든지 수업 후에 도서관에 가서 책을 찾아보든지. 그리고 한 학기 동안 성실한 태도로 수업을 들어야 해.

학생　고마워요. 선배

학생　누구나 다 알고 있는 내용이겠지만 실천하는 게 가장 중요해. 오늘부터 너도 해 봐.

듣고 말하기 ❷

2부 2과 2-1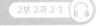

특강자　여러분, 오늘 수업은 몇 과목이에요? 이번 학기에 몇 과목을 듣습니까? 학생마다 좀 다르네요. 대학교 수업 듣기가 생각보다 쉽지 않지요? 저는 여러분에게 수업을 잘 듣는 방법에 대해 몇 가지 소개하려고 합니다. 여러분이 알고 있는 방법과 무엇이 다른지 비교하면서 들어 보세요.

우선, 수업을 듣기 전에 그날 배울 내용을 예습하고 수업을 듣는 것이 좋습니다. 그래야 새로운 어휘나 내용이 나와도 잘 이해할 수 있습니다. 다음으로 수업을 들으면서 중요한 부분은 잊지 않도록 꼭 메모하세요. 메모할 때 자신만의 기호를 사용하여 기억에 잘 남을 수 있도록 해야 합니다. 마지막으로 그날 배운 것은 그날 바로 메모한 내용을 중심으로 복습하는 것이 중요합니다. 만일 예습과 복습을 모두 할 시간이 없다면 둘 중 무엇을 하면 좋을까요? 복습을 추천합니다. 복습을 하면 수업이 기억에 오래 남을 수 있거든요.

여러분, 아주 많이 어려운 방법은 아니지요? 자, 하나씩 해 볼까요? 오늘 배운 방법들을 꾸준히 실천하다가 보면 점점 수업 내용을 잘 이해하게 될 겁니다. 자, 하나씩 따라 해 볼까요? 예습, 메모, 복습. 오늘부터 꼭 실천하시기 바랍니다.

듣고 말하기 ❸

2부 2과 3-1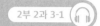

선생님 오늘은 미키 학생이 발표하기로 했습니다. 왜 발표하기로 했지요? 그렇죠. 미키 학생이 지난 한국어능력시험에서 6급에 합격했습니다. 그래서 여러분 공부에 도움이 될 수 있도록 미키 학생이 한국어를 잘하는 방법에 대해 소개하기로 했죠? 자, 그럼 잘 들어 보세요. 미키 씨, 나오세요.

학생 안녕하세요? 미키입니다. 오늘은 여러분에게 저만의 한국어 공부 방법을 공유하려고 합니다.

저는 원래 드라마나 예능 프로그램을 좋아합니다. 그래서 한국어 공부를 시작할 때부터 한국어 드라마나 예능 프로그램을 많이 봤습니다. 좋아하는 방법으로 공부를 해야 지겹지 않고 지치지 않기 때문입니다. 그리고 그 프로그램을 보면서 출연자들의 말을 계속 듣고 따라 했습니다. 따라 하는 게 조금씩 익숙해지면 1.5배속, 2배속으로 속도를 빠르게 하여 따라 하는 연습을 했습니다. 이 방법으로 공부하면서 한국어 듣기와 말하기 실력이 좋아진 것 같습니다. 게다가 억양 연습에도 도움이 되었습니다.

그리고 외우는 것도 중요합니다. 저는 하루에 최소 세 문장씩 외우는 것을 목표로 했습니다. 그다음은 반드시 한국어로만 이야기해야 합니다. 어떤 사람을 만나든 무조건 한국어로만 이야기했습니다. 계속 한국어로 하려고 노력하다 보니 한국어로 말하는 게 점점 더 편해지게 되었습니다.

마지막으로 매일 꾸준히 하는 것입니다. 시간이 없더라도 매일 한국어 공부를 30분씩은 꼭 했습니다. 여러분도 좋아하는 한국어 공부 방법을 찾아서 꾸준히 해 보면 좋겠습니다.

듣고 말하기 ❹

2부 2과 4-1

교수 여러분, 다음 주까지 기말보고서를 제출해야 하는데 보고서를 써 본 학생 있어요? 아, 별로 없네요. 오늘은 수업 전에 보고서 작성 방법에 대해 이야기하겠습니다. 잘 들으세요.

여러분에게 이번에 쓰라고 한 보고서 주제는 한국 문화입니다. 이것과 관련된 내용을 잘 찾고 있지요? 내가 내준 주제와 관계가 있는 내용을 잘 찾아야 합니다. 여러분 나라의 문화가 아닌 한국의 문화에 대해 찾아야 한다는 뜻입니다. 보고서를 쓸 때는 주제가 무엇인지 파악하고 주제에 맞는 내용으로 자료를 모으는 것이 중요합니다.

다음으로 보고서는 양식도 아주 중요합니다. 보고서에는 표지가 있지요? 제목, 교과목명, 교수님 이름, 여러분 이름이 반드시 있어야겠지요? 그리고 목차, 본문, 참고 문헌도 반드시 있어야 합니다. 양식을 지켜서 보고서를 작성하세요.

그리고 보고서를 쓰기 전에 서론, 본론, 결론을 먼저 간단히 메모하세요. 이걸 개요라고 하는데요. 개요를 바탕으로 초안을 작성해 보세요. 그리고 초안에 맞게 책이나 인터넷 자료를 찾아가면서 여러분의 생각을 하나씩 정리하세요. 보고서를 완성한 후에는 완성도를 높이기 위해 검토하고 수정하는 과정이 필요합니다. 이때 부족한 자료가 있으면 보충하면 됩니다.

그리고 마지막으로 무엇보다 가장 중요한 것은 마감 기한을 지키는 것입니다. 아무리 잘 쓴 보고서라도 제출 마감 기한이 지나서 제출하면 좋은 점수를 받을 수 없습니다. 물론 보고서 제출 마감 기한 이후에는 LMS에 보고서를 등록할 수 없다는 것도 꼭 기억하기 바랍니다.

듣고 말하기 ❺

2부 2과 5-1

특강자 여러분, 발표할 때 많이 떨리지요? 저도 지금 처음 보는 여러분 앞에서 이야기를 하려고 하니 조금 떨리는데요. 오늘은 발표의 기술에 대해 이야기를 나누고자 합니다. 발표는 아이디어와 정보를 전달하는 데 매우 중요한 역할을 합니다. 어떻게 하면 발표를 잘할 수 있을까요? 앞을 보면서 들어 주세요.

첫째, 발표할 내용은 명확한 구조를 갖추어야 합니다. 청중에게 내용을 명확하게 전달하기 위해서는 도입부, 전개부, 종결부와 같은 구조를 갖추는 것이 중요합니다. 도입부에서는 발표의 목적과 주제를 간단하게 소개하고, 전개부에서는 핵심 내용을 체계적으로 전달하며, 종결부에서는 발표 내용을 요약하고 마무리를 잘할 수 있도록 해야 합니다.

둘째, 발표 중에는 간결한 언어를 사용해야 합니다. 어려운 용어나 긴 문장은 청중이 이해하는 데 방해가 됩니다. 그리고 청중의 관심을 끌기 위해 자신의 경험을 이야기하는 것도 효과적입니다.

셋째, 발표 연습은 필수입니다. 발표는 자신의 아이디어와 정보를 자신감 있게 전달하는 것이 중요하기 때문에, 연습을 충분히 해야 합니다. 연습할 때는 발음, 억양, 속도 등에 신경을 쓰고 목소리에 자신감을 가지고 자연스럽게 발표하는 것처럼 연습해야 합니다. 그리고 내용을 잘 전달하기 위해서 적절한 동작도 함께 연습하는 것이 좋습니다.

마지막으로, 청중과 소통해야 합니다. 발표는 일방적으로 정보를 전달하는 것이 아니기 때문에 청중과 상호작용을 해야 합니다. 청중과 눈을 마주치기도 하고 질문도 하면서 소통해야 합니다.

듣고 말하기 ❻

2부 2과 6-1

학생 안녕하세요, 여러분? 저는 컴퓨터공학과 4학년 조민수입니다. 오늘 저는 여러분에게 저만의 효과적인 필기 방법을 공유하려고 합니다. 오늘 할 이야기는 제 개인적인 경험을 기반으로 한 것이므로, 모두에게 유용하다고 말할 수는 없지만 분명히 도움이 될 거라고 믿습니다. 자, 이제 본격적으로 발표를 시작하겠습니다.

여기 화면을 보세요. 잘 보시면 왼쪽과 오른쪽의 필기가 다르다는 것을 알 수 있습니다. 차이점을 찾으셨나요? 오른쪽에 있는 필기는 깔끔하고 보기 좋지만 왼쪽은 그렇지 않지요? 오른쪽 필기는 정리용 필기로 수업이 끝난 후에 제가 복습하면서 쓴 내용입니다. 그러나 왼쪽 필기는 수업 중에 한 것으로 빠른 속도로 수업 내용의 핵심만을 메모한 것입니다. 이처럼 필기를 잘하는 첫 번째 방법은 바로 수업 중 필기와 정리용 필기로 나누어서 필기하는 것입니다.

두 번째 방법으로 저는 보통 필기를 할 때 세 가지에서 다섯 가지 정도의 색을 사용합니다. 기본적인 내용은 검은색으로 적고, 보충 설명이 필요한 부분은 파란색으로 적어 구분합니다. 그리고 빨간색 펜은 중요한 부분을 쓸 때 사용합니다. 더 강조해야 한다면 그 위에 형광펜으로 덧칠합니다. 이렇게 저만의 규칙을 정하여 필기를 해 두면, 시험 전 시간이 없을 때는 빨간색이나 형광펜으로 쓴 부분을 중심으로 확인하고, 전체 내용을 꼼꼼히 읽고 싶을 때는 검은색으로 적은 내용을 중심으로 전체를 확인합니다. 저는 필기에서 가장 중요한 것은 자신만의 규칙을 만들어 한눈에 알아보기 쉽게 만드는 것이라고 생각합니다.

필기는 단순히 수업 내용을 기록하는 것이 아니라, 자신만의 학습 방법을 찾아가는 과정입니다. 여러분도 이 방법들을 참고해서, 자신만의 효과적인 필기 방법을 찾으면 좋겠습니다. 이상으로 제 발표를 마치겠습니다. 들어 주셔서 감사합니다.

2부　　3과 팀 발표에서 무임승차를 하면 안 됩니다

듣고 말하기 ❶

2부 3과 1-1

교수　지금까지 이번 학기 시험, 보고서, 발표, 그리고 출석 인정 범위 등 평가 방법에 대해 설명했습니다. 혹시 질문 있나요? 질문 없으면, 마지막으로 수업 태도에 대해 이야기하겠습니다.

시험을 잘 보고 발표를 잘하고 보고서를 잘 쓰기 위해서는 무엇보다 성실한 태도로 수업을 듣는 것이 가장 중요합니다. 과정이 좋아야 좋은 결과를 기대할 수 있겠죠.

선생님은 수업 시간에 집중하지 못하고 딴생각하는 학생을 다 알 수 있습니다. 이 앞에서는 이어폰을 끼고 스마트폰으로 영상을 보거나 문자를 확인하는 학생이 다 보여요. 여러분의 행동을 아무도 모를 거라고 생각할 수도 있겠지만 그건 정말 착각이에요. 또 전화를 받거나 화장실에 간다고 나가는 행동도 자제해 주세요. 대학생이라면 전화를 받고 화장실에 가는 것은 수업 전에 얼마든지 해결할 수 있어야 합니다.

듣고 말하기 ❷

2부 3과 2-1

교수　중간시험이 끝난 다음에 팀별로 발표를 하기로 했죠? 발표 준비를 위해서 오늘은 팀과 발표 주제를 정하도록 하겠습니다.

우선 팀은 LMS를 이용해서 자동 배정하겠습니다. 여기 보세요. 한 팀에 다섯 명씩입니다. 각자 자신의 이름을 확인하고 팀별로 앉아 봅시다. 자, 자리를 이동해 주세요.

네, 좋습니다. 팀별로 모두 앉았으면 팀장을 뽑고 팀원이 모두 발표에 참여할 수 있도록 각자 역할을 정하기 바랍니다. 자료를 수집하고 정리하는 학생도 있어야 하고, 파워포인트 제작 담당과 발표자도 있어야겠죠? 물론 자료 수집은 두세 명이 같이 해도 됩니다. 팀원의 역할을 모두 정한 팀은 이 종이에 팀원의 역할을 써서 제출하세요.

발표를 준비할 때 팀원이 모두 맡은 역할을 충실히 해서 어느 누구도 무임승차하지 않도록 해야 합니다. 발표 후에는 팀원끼리 상호 평가도 할 겁니다.

다 됐나요? 그럼 이제 팀장을 중심으로 발표 주제를 정해 보세요.

듣고 말하기 ❸

2부 3과 3-1

학생 1 금요일까지 장학금을 신청해야 하는데 지도 교수님의 추천서가 필요하다는 걸 깜박했어요. 지금이라도 교수님께 전화를 드리는 게 나을까요?

학생 2 지금? 안 돼. 너무 늦은 시간이잖아. 지금은 우선 이메일로 추천서가 필요하다고 하고, 내일 수업 후에 다시 말씀드리는 게 좋을 거 같아.

학생 1 아, 근데 교수님께 이메일을 드려 본 적이 없는데 무슨 말부터 써야 할지 모르겠어요.

학생 2 당연히 '안녕하세요?'라고 인사부터 해야지. 그리고 이름하고 학과, 학번을 쓰고. 아, 네가 무슨 과목을 듣는 학생인지 밝혀야 누구인지 빨리 아실 수 있을 거야. 교수님 수업을 듣는 학생들이 많으니까. 그리고 왜 추천서가 필요한지, 언제까지 필요한지 말씀드려야 해.

학생 1 그렇구나. 고마워요, 선배. 지금 바로 이메일을 드려야겠다.

학생 2 그리고 자기소개서랑 학업 계획서를 미리 준비해 놔. 너에 대해서 교수님께 정확히 알려 드리면 교수님께서 추천서를 쓰시는 데 도움이 많이 될 거 같아. 시간도 별로 없으니까 말이야.

듣고 말하기 ❹

2부 3과 4-1

교수 여러분, 곧 중간시험 기간이네요. 시험 준비는 잘 하고 있나요? 오늘은 시험을 볼 때 주의할 점에 대해 몇 가지 이야기하려고 합니다.

먼저 신분증을 꼭 챙겨야 합니다. 신분 확인을 위한 것이니까 학생증, 외국인 등록증, 여권 중에서 하나를 가져오면 됩니다. 그리고 당연한 것이지만 필기도구도 있어야겠죠? 연필하고 지우개를 꼭 가져와야 합니다. 간혹 시험을 보다가 지우개가 없어서 옆 사람한테 빌리려고 하는 학생도 있는데요. 이렇게 하면 친구가 시험을 보는 데에도 방해가 되니까 지우개를 꼭 챙겨 오세요.

다른 사람의 시험지를 보거나 책, 메모지, 스마트폰, 스마트 워치 등을 보면 안 되는 건 다들 알고 있죠? 또 시험 볼 때 말을 하거나 주위를 여기저기 둘러봐도 안 됩니다. 부정행위를 한 것으로 간주되어서 시험지가 압수되고 영점 처리됩니다. 반드시 자신의 시험지만 보면서 시험에 집중해야 합니다.

만일 시험을 볼 때 답안지가 더 필요하거나 질문이 있다면 말하지 말고 조용히 손을 드세요. 그러면 내가 가서 도와줄 겁니다.

대학생이 되어서 처음 보는 시험이니까 주의 사항을 잘 기억하기 바랍니다. 혹시 시험과 관련해서 질문이 있나요?

듣고 말하기 ❺

2부 3과 5-1

교수 여러분, 다음 주부터 발표를 하기로 했죠? 준비는 잘 되고 있나요? 파워포인트를 사용해서 발표할 학생이 몇 명인지 손을 들어 볼까요? 자, 파워포인트를 사용할 사람! 두 명 빼고 모두 파워포인트를 준비하고 있군요.

그럼 오늘은 발표를 앞두고 파워포인트를 만들 때 주의해야 할 점에 대해 간단히 이야기하겠습니다.

먼저 질문을 할게요. 여러분은 파워포인트를 왜 사용하려고 해요? 그렇죠. 사진이나 그림, 그리고 동영상을 보여줄 수 있지요. 또 표, 그래프, 도형 등을 사용해서 발표 내용을 자세하게 설명할 수도 있어요. 이렇게 발표할 때 유용한 점도 많지만 주의해야 할 점도 있습니다.

여러분들이 파워포인트로 보여 주는 사진이나 그림, 동영상, 표, 그래프 등을 책이나 신문 기사, 인터넷 등에서 가지고 왔다면 슬라이드에 반드시 출처를 밝혀야 합니다. 자료의 출처를 밝히지 않으면 저작권 문제가 생길 수 있어요. 그리고 여러분이 찍은 사진이라도 다른 사람이 사진에 찍혔다면 그 사람의 허락을 받고 파워포인트에 넣어야 합니다. 만일 허락을 받지 않고 다른 사람의 얼굴을 수업 시간에 보여 준다면 초상권 문제가 발생합니다.

아, 그리고 수업 시간에 선생님의 강의는 물론이고 다른 학생의 발표 내용을 휴대폰으로 찍거나, 녹음을 하기도 하는데요. 이것도 선생님과 발표자의 허락을 받지 않는다면 저작권이나 초상권 문제가 생길 수 있으니까 수업 중에 녹음이나 녹화는 하지 않는 것이 좋습니다.

듣고 말하기 ❻

2부 3과 6-1

교수 지난 시간, 21세기 대학의 역할에 이어서 오늘은 대학생이 사회봉사를 해야 하는 이유에 대해 살펴보도록 하겠습니다. 한국에서는 1990년대 중반부터 대학생의 사회봉사에 대한 관심이 커졌습니다. 지금은 거의 모든 대학에서 사회봉사 교과목을 교양 필수로 편성해 놓고 있지요. 그럼 대학생에게 사회봉사는 왜 필요할까요?

우선, 대학생은 미래 사회의 지도자에게 필요한 자질을 형성해야 합니다. 대학생은 앞으로 사회에서 선도적인 역할을 담당하게 될 것입니다. 학문적으로 지식을 쌓는 일도 중요하지만 인격적으로도 성숙되어야만 다른 사람들과 어울려 자신의 역할을 잘할 수 있겠지요? 그래서 대학생으로서 사회봉사 활동을 하면서 다양한 경험을 쌓고 많은 사람들을 만나는 것이 중요합니다.

다음으로 사회 문제에 대해 인식하고 사회적 책임감을 가져야 합니다. 사회봉사 활동을 수행하면서 여러 가지 사회 문제를 만날 수 있습니다. 문제를 만나야 해결하는 방법을 배우고 문제 해결 능력을 배양할 수 있습니다. 그리고 사회 문제를 접하면서 사회 구성원으로서 자신과 사회를 돌아보고 사회적 책임감을 느끼는 것은 성숙한 자아를 형성하는 데에도 중요합니다.

마지막으로 인간의 존엄성과 가치에 대해 인식해야 합니다. 사회봉사 활동을 통해서 어려움에 처한 사회적 약자의 상황을 이해할 수 있게 됩니다. 이러한 과정에서 인간의 존엄성과 가치에 대해 생각하고 타인을 배려하고 이해하는 경험을 하게 될 것입니다.

1과 가스라이팅에 대해 들어본 적 있어요?

듣고 말하기 ❶

교수 　지난 시간에 다룬 3차 산업혁명에 대해 누가 설명해 볼까요? 그렇죠. 컴퓨터와 인터넷이 발명되면서 정보 통신 기술이 본격적으로 발달한 것이 3차 산업혁명입니다. 그럼 이번 시간에는 4차 산업혁명에 대해 알아보겠습니다.

　　4차 산업혁명이란 말은 2016년 스위스 다보스에서 열린 제46차 세계경제포럼에서 처음으로 사용되었는데요. 인공지능, 빅 데이터, 사물 인터넷, 로봇 기술, 가상현실 등을 통해서 우리가 살고 일하는 방식을 변화시키고 사물을 자동적, 지능적으로 제어하게 되는 것을 말합니다. 다른 말로 기계 지능화 혁명이라고도 하죠.

듣고 말하기 ❷

학생 　안녕하세요? 사회학과 1학년 이원빈입니다. 여러분, 공원이나 산책로에서 다음과 같은 그림을 본 적 있으시죠? 첫 번째 그림은 반려견에게 2미터 이내의 목줄을 해야 한다는 것을 나타내고, 두 번째 그림은 반려견의 배설물을 배변 봉투에 바로 수거하라는 것을 뜻합니다. 두 그림 모두 펫티켓에 대한 것인데요. 요즘 주위에서 반려견을 자주 볼 수 있기 때문에 우리가 지켜야 할 펫티켓에 대해 말씀드리려고 합니다. 우선, 펫티켓의 정의와 필요성을 알아보고, 펫티켓의 종류, 펫티켓 위반 사례에 대해 순서대로 발표하겠습니다.

　　펫티켓은 반려동물을 뜻하는 영어 '펫'과 예절을 뜻하는 '에티켓'의 합성어로, 공공장소에서 반려동물과 함께 다닐 때나 반려동물을 마주쳤을 때 갖춰야 할 예절을 의미합니다. 그런데 펫티켓은 왜 필요할까요?

듣고 말하기 ❸

교수 　마당이나 거리에서 한국의 다양한 전통악기를 연주하면서 춤도 추고 곡예도 하는 공연을 풍물놀이라고 하죠. 사물놀이는 풍물놀이에 사용되는 악기 중에서 꽹과리, 징, 장구, 북 등 네 가지 악기를 연주하는 것입니다. 이 악기들은 각각 자연을 상징하는데요. 천둥을 상징하는 꽹과리는 사물놀이의 시작을 알리며 음악을 이끌어 갑니다. 징은 바람, 장구는 비, 북은 구름을 상징하고 네 가지 악기가 하나로 합쳐진 소리는 폭풍에 빗대어지곤 하죠.

　　그럼 사물놀이는 언제 시작되었을까요? 1978년에 서울 종로의 소극장에서 개최된 '전통음악의 밤'이라는 행사에서 네 명의 연주자가 각각 꽹과리, 징, 장구, 북을 연주하면서 풍물놀이를 실내 공연에 적합하게 재구성했습니다. 이것이 바로 사물놀이의 시작이라 할 수 있습니다.

사물놀이의 역사는 길지 않지만 힙합, 재즈, 관현악, 연극, 무용 등 다양한 장르와 협연을 하면서 대중과 가까워졌고, 지금은 한국을 대표하는 공연 장르가 되었습니다.

듣고 말하기 ❹

3부 1과 4-1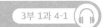

교수 타인의 심리나 상황을 조작해서 그 사람이 자신의 판단을 스스로 의심하게 만들고 타인에 대한 통제력을 강화하는 것을 가스라이팅이라고 합니다. 가스라이팅은 주로 부모와 자식, 부부, 친구, 연인, 직장 동료 등 밀접한 관계에서 나타나는 정신적 학대로 볼 수 있습니다.

가해자는 "어떻게 그걸 모를 수 있어", "넌 너무 예민해", "나니까 널 만나지", "네가 갈 데는 있냐?" 등 비판하는 말, "내가 나쁜 인간이지", "이게 다 나 때문이야", "나만 없어지면 되지?" 등 피해자인 척하는 말, "다 널 생각해서 그런 거야", "사랑이 죄니?", "넌 날 사랑하지 않는구나" 등 사랑을 이용하는 말을 반복적으로 해서 상대방의 자존감을 떨어뜨리고 사회적으로 고립시킵니다. 만일 여러분이 이런 말을 자주 듣는다면 가스라이팅을 당하고 있는 것은 아닌지 의심해 보고, 이런 말을 계속 하는 사람과 거리를 두세요. 가스라이팅의 핵심은 피해자 스스로 자신의 판단을 의심하게 만드는 것이기 때문에 가까운 사람보다는 상황을 객관적으로 볼 수 있는 전문가의 도움을 받는 게 좋습니다.

그런데 가스라이팅은 범죄학이나 심리학에서 공식적으로 인정된 전문 용어가 아닙니다. 그럼 가스라이팅이라는 말은 어디에서 나왔을까요?

듣고 말하기 ❺

3부 1과 5-1

교수 여러분, 1인 가구라는 말을 들어 본 적 있나요? 건강가정기본법에 따르면 1인 가구는 한 명이 단독으로 생계를 유지하고 있는 생활 단위를 말합니다. 1인 가구는 2016년 540만 명에서 2022년에는 750만 명으로 증가했고 이런 추세라면 2028년에는 1,000만 명이 넘을 거라고 예측하고 있는데요.

이렇게 1인 가구가 급증하고 있는 가장 큰 원인은 결혼에 대한 인식 변화가 아닐까 합니다. 경제 상황이 어려워지고 취업에 대한 불안이 커지면서 결혼을 늦게 하거나 아예 하지 않는 사람이 늘고 있죠. 결혼은 필수가 아니라 선택이라는 말도 이러한 현상을 반영한 말입니다. 한국인의 평균 초혼 연령을 살펴보면 1995년에는 남성 28.6세, 여성 25.5세였는데 20년 후인 2015년에는 남성 33세, 여성 30세로 남녀 모두 평균 초혼 연령이 30세를 넘었습니다. 현재는 40대 초혼도 낯설지 않을 정도로 만혼 경향이 상당히 강합니다.

비혼과 만혼이 증가함에 따라 1인 가구도 늘고 있고, 또 이들의 소비 패턴은 우리 사회에 새로운 트렌드를 만들고 있습니다. 혼밥, 혼술, 혼영, 혼행 등 혼자 즐기는 문화가 확산되면서 1인 메뉴, 1인용 간편식, 소포장 식품, 소형 전자제품, 소형 가구 등 다양한 일코노미 상품이 개발되고 있습니다. 일코노미는 혼자만의 생활을 즐기면서 소비 생활을 하는 것을 말하는데요. 1인 가구를 나타내는 숫자 '1'과 경제를 뜻하는 영어 '이코노미'로 이루어진 합성어입니다.

듣고 말하는 대학 한국어

듣기 지문

듣고 말하기 ❻

3부 1과 6-1

교수 이번 시간에는 세계유산에 대해 알아보겠습니다. 유네스코는 인류 보편적 가치를 지닌 유산을 발굴해서 보호하고 보존하고자 1972년에 세계유산협약을 채택했습니다. 세계유산은 세계유산협약에서 정한 탁월한 보편적 가치를 지닌 유산을 말하는데요. 세계유산은 자연유산, 문화유산, 그리고 자연유산과 문화유산의 특징을 동시에 지닌 복합 유산 등 세 가지로 나뉩니다.
자연유산은 제주도의 화산섬, 용암 동굴과 같은 자연의 산물입니다. 또 생물 다양성 보존과 멸종 위기 철새의 기착지로 가치를 인정받은 서천, 고창, 신안, 보성-순천의 갯벌도 자연유산의 좋은 예입니다.
그럼 문화유산에는 어떤 것이 있을까요? 지금부터 몇 가지 예를 살펴볼 텐데요. 우선, 2023년 9월에 방송된 뉴스를 같이 봅시다.

앵커 한반도에 600년간 존속했던 고대 문명 가야의 역사적, 문화적 가치를 보여 주는 가야 고분군이 제45차 세계유산위원회에서 유네스코 세계 문화유산으로 지정됐습니다. 이로써 우리나라는 14건의 문화유산, 2건의 자연유산 등 총 16건의 세계유산을 보유하게 되었습니다.
가야 고분군은 1세기에서 6세기 중반에 걸쳐 낙동강 유역을 중심으로 번성했던 가야 문명의 역사와 문화, 자연환경을 담고 있습니다. 가야 고분군은 일곱 개의 고분군을 하나로 묶은 연속 유산으로, 현재 행정구역상 경남 다섯 곳, 경북 한 곳, 전북 한 곳에 분포해 있습니다.
가야 고분군은 고대국가 연맹체이면서 주변국과 자율적이며 수평적인 관계를 유지한 가야 문명의 실증적 증거입니다. 세계유산위원회는 가야 고분군이 동아시아 지역 고대 문명의 다양성을 보여 주며 탁월한 보편적 가치가 인정된다고 하였습니다.

3부   2과 그라피티는 낙서와 다를까요?

듣고 말하기 ❶

3부 2과 1-1

교수 오늘은 언어의 특징, 첫 번째 시간으로 기본 어순부터 살펴보겠습니다. 자, 칠판을 보세요.
한국어 '나는 너를 좋아해'는 영어로 ' I love you'입니다. 두 문장의 의미는 같죠. 하지만 한국어는 주어 '나는'이 맨 앞에 오고, 그 다음 목적어 '너를', 서술어 '좋아해'의 순인데 반해, 영어는 주어 'I', 서술어 'love', 목적어 'you'의 순서로 문장이 구성됩니다. 이처럼 평서문에 쓰이는 주어, 목적어, 서술어의 배열 순서를 기본 어순이라고 합니다.
문장이 주어로 시작되는 한국어나 영어와 달리, 목적어나 서술어가 문장의 처음에 오는 언어도 있기 때문에, 기본 어순은 이렇게 여섯 가지의 유형이 가능합니다. 여섯 가지 유형 중에서 세계 언어의 45%를 차지하며 가장 높은 분포를 보이는 어순은 '주어-목적어-서술어' 유형입니다. 일본어, 몽골어, 튀르키예어, 미얀마어 등도 한국어와 마찬가지로 이 유형에 속하는 언어입니다.

듣고 말하기 ❷

교수 길을 걷다가 벽에 큰 그림이나 글씨가 그려져 있는 것을 본 적이 있지요? 흔히 그라피티라고 하는데요. 그라피티는 이탈리아어로 낙서를 뜻합니다. 지금 보고 있는 영상처럼 1960년대에는 젊은이들이 사회 문제를 비판하기 위해 벽에 낙서하듯이 즉흥적이고 충동적으로 자신의 생각을 자유롭게 표현했습니다. 그 당시에는 도시의 골칫거리였지만 지금은 공간 디자인, 인테리어, 행위 예술에도 활용되면서 현대 미술의 한 장르가 될 만큼 대중들의 인기를 끌고 있죠.

그라피티는 지난 시간에 다뤘던 유화와 마찬가지로 그림입니다. 그런데 그라피티는 유화와 어떤 점에서 다를까요? 그렇습니다. 그림의 재료와 바탕, 즉 화재와 화면이 서로 다릅니다. 유화는 붓에 물감을 묻혀서 캔버스에 그리는 데 비해, 그라피티는 스프레이 페인트로 벽에 그림을 그리는 것이죠.

듣고 말하기 ❸

교수 컴퓨터 운영 체계는 컴퓨터의 여러 기능을 효율적으로 관리해서 사용자가 컴퓨터를 편하고 쉽게 사용하도록 하는 소프트웨어입니다. 다시 말해서 컴퓨터 하드웨어와 사용자의 매개체라고 할 수 있죠. 컴퓨터 운영 체계에 윈도우, 맥, 리눅스 등이 있다면 스마트폰 운영 체계에는 대표적으로 안드로이드와 아이오에스가 있습니다.

안드로이드는 구글이 개발한 운영 체계로 여러 제조사의 스마트폰과 태블릿 PC에 사용될 뿐만 아니라 구글에서 제공하는 다양한 애플리케이션에 쉽게 접근할 수 있습니다. 그래서 안드로이드를 채택한 스마트폰은 가격대, 디자인, 기능이 다양한 편입니다. 이와 달리, 애플이 개발한 아이오에스는 아이폰, 아이패드 등 애플 기기에만 사용되기 때문에 가격대가 높고 디자인도 단순합니다.

제조사, 디자인, 기능의 다양성 측면에서 본다면 안드로이드는 개방성을, 아이오에스는 폐쇄성을 특징으로 한다고 볼 수 있겠습니다. 이러한 특징은 보안성과도 밀접하게 관련되는데요. 안드로이드는 보안성이 상대적으로 떨어지는 반면, 아이오에스는 높은 보안성을 유지한다는 점에서 차이가 있습니다.

듣고 말하기 ❹

교수 지금 여러분이 본 것은 뮤지컬 '오페라의 유령'의 한 장면입니다. 오페라의 유령은 프랑스 소설가 가스통 르루가 1910년에 쓴 소설을 바탕으로 제작되었습니다. 미국 브로드웨이에서는 1986년 초연을 시작으로 2023년 막을 내리기까지 역사상 최장 기간 공연되었던 뮤지컬이죠.

재미있는 것은 이 뮤지컬 제목에 '오페라'가 있다는 건데요. 오페라 극장에서 일어나는 사건을 다루기 때문에 오페라 장면이 나오기는 하지만 오페라와는 다릅니다. 자, 그럼 누가 지난 시간에 배웠던 오페라에 대해 먼저 이야기해 볼까요?

네, 좋습니다. 뮤지컬도 오페라와 마찬가지로 음악과 이야기가 만나서 이루어진 음악극입니다. 또, 뮤지컬은 연기, 노래, 무용 등 다양한 형태의 예술 장르가 조화를 이루는 종합 예술이라는 점에서 오페라와 유사한 점이 참 많습니다.

하지만 노래의 비중이 다르죠. 오페라 출연자를 어떻게 부른다고 했죠? 맞습니다. '오페라 가수'입니다. 오페라에서는 모든 대사를 노래로 전달하기 때문에 노래 부르는 사람을 뜻하는 '가수'라고 하죠. 뮤지컬 출연자도 음악에 맞추어 노래를 부르지만, 노래 없이 대사만으로 연기를 하는 비중이 비교적 크기 때문에 '배우'라고 합니다.

듣고 말하기 ❺

3부 2과 5-1

교수 │ 첫 번째 문제에 어떻게 답을 했는지 같이 볼까요? 먼저, 원숭이와 판다를 묶은 학생 손들어 보세요. 왜 그렇게 했지요? 동물끼리 묶었다는 거죠? 자, 이번에는 원숭이와 바나나를 묶은 학생 손들어 봅시다. 그렇게 한 이유는? 그렇죠. 원숭이가 바나나를 먹기 때문이죠. 그럼 판다와 바나나를 묶은 학생은요? 한 명도 없어요?

여러분의 대답이 연구 결과와 비슷합니다. 서양인의 90% 이상이 원숭이와 판다를 묶은 반면, 동양인의 90%는 원숭이와 바나나를 묶었거든요. 서양인은 원숭이와 판다를 모두 동물이라는 개체로 인식하고, 이를 중요하게 생각했습니다. 이와 달리, 동양인은 어떤 개체가 다른 개체와 맺는 관계에 주목하기 때문에 원숭이가 먹는 바나나를 원숭이와 묶었습니다. 정리하면 서양인은 개체 중심의 사고를 한다면 동양인은 관계 중심의 사고를 한 것이죠.

다음으로 두 번째 문제를 볼까요? 가장 앞에 있는 열기구로 무엇을 선택했나요? 왼쪽에 있는 가장 큰 열기구를 선택한 학생 손들어 보세요. 오른쪽에 있는 가장 작은 열기구를 선택한 학생은요?

동양인은 대부분 열기구가 자신의 방향으로 오고 있다고 생각해서 가장 큰 열기구를 앞에 있는 열기구로 선택했습니다. 그러나 서양인은 열기구가 자신으로부터 멀리 날아간다고 생각하기 때문에 가장 작은 열기구를 앞에 있는 열기구로 보았습니다. 즉, 동양인은 자신을 열기구의 도착점으로 인식한 데 반해, 서양인은 자신을 열기구의 출발점으로 인식한 것이죠. 이렇게 동양인과 서양인이 인식하는 방향의 차이는 우리가 사용하는 언어에도 반영되어 있습니다. 지금부터 몇 가지 예를 살펴보겠습니다.

듣고 말하기 ❻

3부 2과 6-1

아나운서 │ 환경 문제가 심각해지면서 많은 사람들이 친환경차에 주목하고 있습니다. 자동차 업체도 앞다투어 친환경차를 출시하고 있는데요 오늘은 환경연구소의 김지민 연구원과 친환경차에 대해 자세히 알아보고자 합니다. 먼저 친환경차가 연비는 좋지만 가격대가 높아서 구입을 망설인다는 말을 적잖게 들을 수 있는데요 어떻게 생각하십니까?

연구원 │ 친환경차가 가솔린차에 비해 비싼 편이긴 합니다. 하지만 친환경차 보급을 위해서 정부에서 구매 보조금을 지원하고 소비세, 취득세 등을 감면해 주는 등 세제 혜택을 주고 있죠. 또 유지비가 상대적으로 적게 들기 때문에 가솔린차보다 비용 부담이 크다고 단정할 수는 없습니다. 작년 대비 친환경차 판매량이 40% 이상 증가한 것도 소비자들이 비용 부담이 크지 않다고 판단한 결과로 볼 수 있습니다.

아나운서 │ 그렇군요 친환경차의 종류가 다양하다고 알고 있는데요 간단히 소개해 주셨으면 합니다.

연구원 친환경차에는 전기차, 수소 전기차, 하이브리드 자동차, 플러그인 하이브리드 자동차가 있는데요. 동력원에 따라 화석 연료를 사용하지 않는 차와 화석 연료와 전기를 조합하여 사용하는 차로 나눌 수 있습니다.

먼저, 전기차와 수소 전기차는 가솔린차나 하이브리드 자동차와 달리 화석 연료를 전혀 사용하지 않고 배터리와 모터만으로 움직이는 완전 무공해차입니다. 전기차는 연료비도 가솔린차에 비해 30%가량 저렴하죠. 충전 시간은 다섯 시간 정도이지만 급속 충전기를 사용한다면 30분 내로 충전이 가능합니다. 수소 전기차는 외부에서 전기를 충전하는 것이 아니라, 수소와 산소의 전기 화학 반응으로 발생한 전기를 사용한다는 점에서 전기차와 다릅니다. 수소를 충전하는 시간도 5분 이내로 짧고 장거리 운행도 가능하다는 점이 매력적이죠.

3부   3과 ESTJ는 관리자형입니다

듣고 말하기 ❶

교수 다음 중 여러분이 주로 이용하는 것이 무엇인지 손들어 봅시다. 페이스북. 인스타그램. 틱톡. 엑스. 여러분은 페이스북을 가장 많이 이용하는 것 같네요. 이 외에 유튜브, 린케딘, 위쳇 등이 익숙한 학생도 있을 겁니다. 이런 것들을 뭐라고 하죠? 그렇죠. SNS. 다시 말해서 소셜 네트워크 서비스라고 합니다. 그럼, 한국 사람들은 SNS를 얼마나 이용할까요?

정보통신정책연구원에 따르면 한국은 SNS를 이용하는 인구가 2020년에 이미 50%를 넘었으며 전 세대에서 지속적으로 증가하고 있다고 합니다. 특히 MZ 세대는 인스타그램을 가장 많이 이용하는데, 하루 평균 두 시간 이상 이용하는 헤비 유저가 20% 정도라고 합니다.

듣고 말하기 ❷

교수 요즘 기후 변화나 이상 기후라는 말을 자주 들을 수 있습니다. 한국도 기후 변화를 겪고 있는데요. 일반적으로 한국은 사계절이 뚜렷하며 대체로 온대 기후에 속한다고 알려져 있지만 지금은 봄가을은 짧아졌고 여름에는 열대 기후의 특징을 보이기도 합니다. 그런데 온대 기후, 열대 기후와 같은 구분은 언제 생겼을까요?

지금부터 140여 년 전에 독일의 식물학자이자 기상학자인 쾨펜은 식물의 분포, 기온, 강수량 등을 기준으로 세계의 기후를 열대 기후, 온대 기후, 냉대 기후, 한대 기후, 건조 기후 등 다섯 가지로 구분했습니다. 자, 지금 보고 있는 것이 쾨펜의 기후 구분 지도입니다. 이외에도 트레와다 구분법, 크루츠버그 구분법 등 다양한 기후 구분법이 사용되고 있습니다.

듣고 말하기 ❸

3부 3과 3-1

교수 역사를 체계적으로 살펴보려면 무엇보다 시대를 정확하게 구분할 수 있어야 합니다. 시대를 구분하는 방법은 하나가 아니라 여러 가지인데요. 그렇기 때문에 우리가 살고 있는 시대를 현대라고 하기도 하고, 자본주의 사회라고 하기도 하고, 때로는 시민 사회라고 하기도 합니다.

여러분에게는 고대, 중세, 근대, 현대가 가장 익숙한 시대 구분일 것 같습니다. 르네상스 시대를 기준으로 이 시대와 시간적으로 멀면 고대, 가까우면 근대, 고대와 근대 사이는 중세라고 명명한 것이죠. 이러한 구분은 르네상스 시대의 학자들이 그들이 사는 시대와 이전의 시대를 분리하기 위해서 만든 것이기 때문에 모든 나라의 역사에 다 적용하기는 힘듭니다.

이밖에 주로 생산을 담당하는 계층이 누구냐에 따라, 즉 사회 및 경제에 영향을 미치는 요인에 따라 자급자족 사회, 노예제 사회, 봉건제 사회, 자본주의 사회로 구분하는 방법도 있습니다. 사회의 지배 세력에 따라서 귀족 사회, 양반 사회, 시민 사회 등으로 구분하기도 하고, 나라를 지배한 왕조를 기준으로 구분하기도 합니다. 이를 테면 유럽의 역사를 다룰 때 합스부르크 왕조, 룩셈부르크 왕조 등으로 나누는 것입니다.

듣고 말하기 ❹

3부 3과 4-1

교수 지난주에 리그 오브 레전드 월드 챔피언십, 즉 롤드컵 결승전이 있었는데요. 이번 롤드컵은 지난달부터 서울과 부산을 오가며 약 한 달간 진행되었습니다. 결승전이 진행된 서울 고척스카이돔은 1만 8,000석이 전석 매진되었고, 영화관 44개가 롤드컵 생중계관으로 운영됐습니다. e스포츠 경기 사상 처음으로 광화문 광장에서 길거리 응원도 펼쳐졌죠. 약 1만 5,000여 명의 인파가 모여 대형 전광판으로 결승전 생중계를 볼 정도로 폭발적인 관심을 끌었습니다.

이렇듯 현재 e스포츠의 중심에 리그 오브 레전드가 있다고 해도 과언이 아닌데요. 오늘은 우리에게 익숙한 롤 외에 어떤 e스포츠가 있는지 알아보겠습니다.

한국e스포츠협회에서는 e스포츠를 정식 종목과 시범 종목으로 나누고 정식 종목을 다시 전문 종목과 일반 종목으로 나누고 있습니다. 전문 종목은 직업 선수가 활동할 수 있는 대회가 있거나 리그를 충분히 구축할 수 있다고 인정받은 종목인데요. 리그 오브 레전드는 물론이고, 배틀 그라운드, FIFA 온라인4 등 여섯 개가 e스포츠 전문 종목으로 승인되었습니다. 일반 종목은 직업 선수가 활동하지는 않지만 발전 가능성이 있다고 인정받은 종목인데, 한국e스포츠협회 홈페이지를 보면서 구체적으로 살펴보겠습니다.

듣고 말하기 ❺

3부 3과 5-1

교수 자, 여기 왼쪽부터 라디오파, 마이크로파, 적외선, 가시광선, 자외선, 엑스선, 감마선이라 하는데요. 이것은 모두 전자파 또는 전자기파로 분류됩니다. 전자파는 전기장과 자기장으로 구성되며 대기 중에서 빛의 속도로 전파되는 파동입니다. 파장의 길이에 따라 그림과 같이 일곱 가지로 나뉘는 것이죠.

전자파는 일상생활에서 떼려야 뗄 수 없는 것으로 다양한 분야에서 널리 이용되고 있습니다. 흔히 전파라 불리는 라디오파는 텔레비전, 라디오, GPS에 이용되고, 마이크로파는 전자레인지, 핸드폰, 블루투스 등에 이용됩니다. 적외선은 강한 열작용 때문에 열선이라고도 하는데요. 물체에서 방출되는 적외선을 감지해서 온도를 측정하는 적외선 온도계, 야간 촬영에 사용되는 열화상 카메라, 그리고 집에 한두 개씩은 있는 리모컨에도 적외선이 이용됩니다. 다음으로 가시광선은 눈으로 볼 수 있는 전자파로 흔히 빛이라고 하죠. 자외선은 물질에 화학 반응을 일으킬 수 있어서 피부 화상이나 변색을 일으키기도 하고, 컴퓨터 기억 장치에 있는 내용을 삭제하고 위조지폐를 감별하는 데 사용되기도 합니다. 또 살균, 소독 기능이 있어서 식기 소독, 의류 살균 등에도 사용됩니다.

엑스선은 투과력이 강해서 인체와 물체의 내부를 파악할 수 있기 때문에 엑스레이 촬영, CT 촬영, 보안 검색 등에 두루 활용되고 있습니다. 마지막으로 전자파 중 파장이 가장 짧은 감마선은 투과력과 에너지가 매우 강해서 암세포를 파괴하기 때문에 암 치료에 이용되고 있습니다.

엑스선과 감마선은 알파선, 베타선 등과 함께 방사선으로 분류될 수 있는데요. 방사선의 유형과 특징에 대해서는 다음 시간에 다루도록 하겠습니다.

듣고 말하기 ❻

3부 3과 6-1

교수   여러분, 자신의 MBTI를 다 알고 있나요? 요즘에 사람들이 자신의 MBTI를 밝히고 이것을 주제로 이야기하는 것을 자주 볼 수 있죠.

MBTI는 인간의 성향을 파악하는 검사인데요. 캐서린 쿡 브릭스와 그녀의 딸 이자벨 브릭스 마이어스가 1944년에 마이어스-브릭스 유형 지표를 개발했고, 이것을 줄여서 흔히 MBTI라고 합니다. MBTI는 각자 문항에 답하면서 자신이 선호하는 경향을 파악하여 직업 선택, 대인 관계 등 실생활에 응용할 수 있도록 제작된 검사 도구입니다.

그럼, MBTI를 통해서 구체적으로 무엇을 알 수 있을까요? 이것을 이해하려면 우선 인간의 선호 지표는 에너지 방향, 인식 기능, 판단 기능, 생활 양식 등 네 가지이며, 개인의 성향은 각 선호 지표의 양극 유형 중 한 개에 속한다는 것을 알아야 합니다. 다시 말해서 선호 지표는 정신적 에너지의 방향에 따라 외향형과 내향형, 사람이나 사물을 인식하는 방식에 따라 감각형과 직관형, 판단의 근거에 따라 감정형과 사고형, 선호하는 생활 양식에 따라 판단형과 인식형으로 나뉘는데, 개인의 성향은 선호 지표의 양극 유형 중, 어느 하나가 선택되니까 MBTI 유형은 총 열여섯 가지가 되는 것이죠.

MBTI가 이렇게 세분되다 보니 개인의 MBTI 유형이 하나가 아닌 두세 개에 걸쳐서 나타나기도 합니다. 그래서 네 가지 유형으로 단순화하기도 합니다. 이를 테면 관리자형, 탐험가형, 외교관형, 분석가형으로 나누는 것이죠.

듣고 말하기 ❶

교수 여러분, 묘사란 어떤 대상을 있는 그대로 표현하는 것을 말합니다. 지금 어떤 동물을 묘사할 테니까 한번 맞혀 보세요.

이 동물은 몸이 크지 않고 귀가 깁니다. 긴 귀로 위험한 상황을 빠르게 알아챌 수 있습니다. 털은 부드럽고 흰색, 갈색, 회색, 검은색 등 다양한 색으로 이루어집니다. 눈은 양 옆으로 향해서 주변 환경을 잘 볼 수 있고 어두운 곳도 잘 볼 수 있습니다.

풀이나 잎, 꽃, 나무껍질을 먹습니다. 앞다리는 짧아서 식물을 캐거나 음식을 입에 넣는 데 도움이 됩니다. 반면에 뒷다리는 앞다리보다 훨씬 긴 데다가 근육질로 단단하여 빠른 속도로 달릴 수 있게 합니다. 발은 넓고 털로 덮여 있어 풀밭이나 눈 위에서도 미끄러지지 않게 해 줍니다.

주로 야행성 동물로 밤에 활동하고, 낮에는 굴에서 대부분의 시간을 보내며 쉽니다. 이 동물은 사교적이고 호기심이 많은 편입니다. 이 동물은 무엇일까요? 네, 맞습니다. 토끼에 대해서 묘사한 것을 잘 이해했습니다.

듣고 말하기 ❷

교수 지난 시간에 묘사에 대해 공부했죠? 자, 오늘은 여러분 중 한 명이 자신의 방에 대해 묘사하고, 다른 학생들은 그 말을 들으면서 그림을 그려 볼게요. 발표자가 묘사를 잘 했으면 여러분의 그림과 발표자의 방이 비슷하겠죠? 누가 먼저 자신의 방을 발표해 볼까요? 네, 미미 씨가 먼저 소개해 보세요.

학생 제 방을 소개하겠습니다. 방문을 열자마자 따뜻한 베이지 색 벽이 반겨줍니다. 벽에는 좋아하는 그림과 사진들이 가득 걸려 있어 그것들만 봐도 하루 종일 행복해질 수 있습니다.

방 한쪽의 넓은 창문으로 햇빛이 가득 들어와 밝고 환한 분위기를 만들어 줍니다. 창문 옆에는 편안한 의자가 놓여 있어 창밖의 풍경을 바라보며 책을 읽거나 생각에 잠기는 시간을 가질 수 있습니다.

방 가운데에는 넓은 침대가 자리 잡고 있습니다. 부드러운 이불과 베개, 그리고 제가 아끼는 인형들이 침대 위에 놓여 있습니다. 침대 옆에는 작은 책상이 있습니다. 책상 위에는 필요한 학용품들과 노트북이 깔끔하게 정리되어 있습니다.

듣고 말하기 ❸

교수 얼마 안 있으면 교생 실습을 하러 가지요? 그래서 오늘은 지난 시간에 예고한 대로 중학교에 가서 할 시범 수업을 연습해 볼 겁니다. 중학생들에게 수업을 한다고 생각하면서 '독서의 중요성'에 대해 이야기하는 연습을 해 보려고 합니다. 먼저 수현 학생이 설명해 볼까요?

학생 여러분은 평소에 독서를 많이 하세요? 흔히 독서는 '마음의 양식'이라는 말을 많이 합니다. 이 말은 음식이 몸에 영양분을 제공하는 것처럼 책에서 얻은 지혜가 마음과 정신에 영양분을 제공한다는 말입니다. 책을 읽으면 우리는 새로운 아이디어를 얻고, 다른 관점을 이해하며, 우리의 사고를 확장하게 됩니다. 이는 마치 건강한 식사가 우리 몸을 건강하게 유지하게 해 주는 것과 같습니다. 따라서 '독서는 마음의 양식'이라는 표현은 독서의 중요성과 가치를 강조하는 비유적 표현입니다. 농부가 땅에 씨앗을 뿌리고, 그 씨앗이 자라서 열매를 맺는 것을 상상해 보세요. 씨앗이 자라서 나무가 되고, 그 나무에 열매가 주렁주렁 열리는 모습처럼 우리는 책이라는 씨앗을 마음에 뿌립니다. 그 씨앗은 시간이 흐르면서 우리의 생각을 키워 주고 우리를 더 좋은 사람으로 만들어 줍니다.

교수 좋습니다. 중학생들이 쉽게 이해하도록 잘 설명했습니다. 이번에는 독서의 방법에 대해 설명해 볼까요?

학생 독서를 효과적으로 하는 방법에는 뭐가 있을까요? 첫째, 중요한 부분에 밑줄을 그으면서 책을 읽습니다. 그러면 이해가 쉽고 기억에 오래 남게 됩니다. 둘째, 책을 보면서 드는 생각과 느낌을 메모합니다. 메모를 통해 내 생각을 정리할 수 있고 책의 내용을 나만의 것으로 만들 수 있습니다. 셋째, 질문하면서 읽습니다. 질문은 끊임없이 생각을 하게 만듭니다. 스스로에게 또는 책을 함께 읽는 친구들에게 질문을 하면서 사고력과 문제 해결 능력을 키울 수 있습니다.

듣고 말하기 ❹

교수 여러분은 비유와 상징을 구분할 수 있습니까?

비유는 표현하려는 대상을 다른 대상에 빗대어 나타내는 표현 방법입니다. 시에서 비유를 사용하면 대상을 직접적으로 표현하는 것보다 참신한 느낌을 줄 수 있고 더욱 생생한 느낌을 줍니다. 비유의 방법에는 대표적으로 직유, 은유가 있습니다.

직유는 '같이', '처럼', '-듯이' 등의 표현을 활용하여 한 대상을 다른 대상에 직접 빗대어 표현하는 방법입니다. 예를 들어 '친구의 말은 물이 흐르듯이 매끄러웠다'라는 문장은 그 사람의 말이 아주 논리적이고 명료한 것을 비유적으로 표현한 것입니다.

그리고 은유는 'A는 B이다', 'A의 B'라는 형식으로 한 대상을 다른 대상에 암시적으로 빗대어 표현하는 방법입니다. '당신은 나의 태양', '내 마음은 잔잔한 호수'와 같은 예를 들 수 있습니다.

이와 달리 상징은 표현하려는 추상적인 개념을 구체적인 사물로 나타내는 방법입니다. 시에서 상징을 사용하면 대상이 지닌 본래의 의미에서 새로운 의미로 보다 풍부하게 표현할 수 있습니다. 윤동주의 '새로운 길'이라는 시를 한번 볼까요?

어제도 가고 오늘도 갈
나의 길 새로운 길

이 시에서 '길'의 상징적 의미는 삶과 인생입니다. 인생이라는 추상적 개념을 '길'이라는 구체적 사물로 나타내어 머릿속에 쉽게 떠올릴 수 있도록 도와준 것입니다. 또 다른 예로 평화의 상징인 비둘기, 한국 민족정신의 상징인 태극기를 들 수 있습니다. 자, 이제 그럼 우리가 배운 비유와 상징으로 지금 자신의 마음을 표현해 볼까요?

듣고 말하기 ❺

교수 오늘은 꽃말의 의미를 소개하려고 합니다. 사랑하는 사람에게 꽃을 주로 선물하는데 왜 그럴까요? 맞아요, 꽃으로 자신의 마음을 표현할 수 있어서입니다. 그럼 많은 사람들이 좋아하는 꽃을 중심으로 꽃말을 알아볼까요?

꽃의 여왕인 장미는 사랑하는 사람에게 선물하는 대표적인 꽃이지요? 특히 프러포즈할 때 가장 먼저 떠오르는 장미는 색깔에 따라 조금씩 다른 의미를 가지고 있어요. 빨간 장미는 불같이 타오르는 사랑을, 분홍 장미는 사랑의 맹세를, 하얀 장미는 청순과 순결을 의미합니다.

튤립도 사랑을 고백할 때 많이 쓰는데 꽃말이 영원한 사랑이라고 합니다. 그런데 장미와 튤립으로 사랑을 고백할 때 노란색 꽃은 조심해야겠습니다. 왜냐하면 노란 장미는 시기와 질투를, 노란 튤립은 짝사랑을 의미하기 때문입니다.

해바라기라는 꽃은 말 그대로 해만 바라보기 때문에 붙여진 이름인데요. 해바라기의 이런 특성을 잘 보여주듯이 꽃말도 '당신만 바라봅니다'라고 하니 사랑을 고백할 때 해바라기를 선물하는 것도 좋을 것 같습니다.

그리고 프리지아는 새봄을 알리는 꽃인 만큼 '당신의 시작을 응원합니다'라는 꽃말을 가지고 있습니다. 그래서 입학이나 졸업, 취업을 하는 사람에게 프리지아를 많이 선물합니다.

어버이날과 스승의 날에 감사한 마음을 전하는 카네이션은 자비로운 사랑을 의미한다고 합니다. 꽃말이 부모님과 스승의 마음을 나타내 주는 것 같습니다.

마지막으로 향수의 원료로 널리 쓰이며, 마음을 안정시키는 데 효과적인 라벤더의 꽃말은 침묵입니다. 꽃말부터 조용하고 편안한 느낌을 주는 것 같습니다.

이런 꽃말을 잘 기억했다가 소중한 사람에게 꽃으로 내 마음을 잘 전달할 수 있기를 바랍니다.

듣고 말하기 ❻

교수 여러분 나라에는 어떤 상상 속 동물이 있습니까? 이번 시간에는 신화와 전설 속 동물들에 대해 알아보려고 합니다.

공포 영화에서 자주 나오는 동물 중 꼬리가 아홉 개 달린 여우인 구미호가 있습니다. 한국과 중국, 일본 등 동아시아의 이야기에 많이 나옵니다. 구미호는 여자로 변신하여 사람을 홀리는 능력이 있어 몹시 교활한 사람 또는 매혹적인 여성을 구미호에 빗대기도 합니다. 이러한 구미호는 사람을 해치는 무서운 존재로만 그려지는 게 아니라 사람과 함께 살고 싶어 사람이 되려고 노력하는 모습으로 그려집니다.

이번에는 하얀 말과 그 이마에 뿔이 나 있는 모습을 떠올려 보세요. 이 동물은 어린이들에게도 많이 알려진 유니콘입니다. 유니콘은 주로 영국 문학 작품에서 순수한 어린 아이와 친구로 지내는 동물로 묘사됩니다. 왕족, 귀족 가문의 문양에도 자주 쓰였는데 스코틀랜드 왕가의 문장도 바로 이 유니콘이지요. 유니콘의 뿔은 마법을 지녀 어떤 병이든 고칠 수 있습니다. 이러한 유니콘은 서양뿐만 아니라 동양에서도 찾아볼 수 있습니다.

그리고 해태는 동아시아의 고대 전설 속 동물입니다. 두 눈을 부릅떴지만 전혀 무섭지 않습니다. 해태는 물에 사는 동물로 화재를 막는다고 하여 경복궁을 보호하기 위해 광화문 앞에 해태 한 쌍을 놓았습니다. 또한 해태는 선과 악을 가려내고 사악한 자를 물어뜯는다는 전설도 있습니다.

마지막으로 우리에게 가장 친숙한 동물인 용이 있는데요. 용은 동양, 서양의 신화와 전설에 등장하는 신성한 힘을 가진 동물입니다. 한국과 중국에서는 몸에 비늘이 있고 네 개의 발에 날카로운 발톱과 긴 수염을 가진 동물로 묘사됩니다. 동양의 용은 날개가 없이 자유롭게 하늘을 날아다니는 것으로 묘사되는 반면에 서양의 용은 큰 날개를 가진 것으로 묘사됩니다. 이처럼 신화에 등장하는 동물들은 우리 선조들의 상상 속에서 신성한 힘을 가지고 사람과 더불어 살아간 존재라는 것을 알 수 있습니다.

3부   5과 돈과 행복은 분명히 관계가 있습니다

듣고 말하기 ❶

3부 5과 1-1

교수   이제 환경 오염의 원인에 대해 설명할게요. 환경 오염은 다양한 요인에 의해 발생합니다. 우선, 산업 활동은 대기 오염의 중요한 원인이 됩니다. 공장과 자동차의 매연과 배출 가스는 대기질을 악화시킵니다. 이에 따라 호흡기 질환 및 알레르기 반응을 유발할 수 있으며 이로 인해 의료 비용이 증가하고 생산성이 감소할 수 있습니다.

그리고 농약과 비료의 과다 사용은 토양 오염의 주요 원인으로 작용하며, 폐기물은 수질 오염을 초래하게 되어 결국에는 육상과 해양 생태계를 파괴하게 됩니다.

지금까지 말한 원인들은 대기와 토양, 수질과 같은 환경 오염을 가속화시키면서 기후 변화에 큰 영향을 미칩니다. 우선 급격한 온도 상승으로 빙하가 녹게 됩니다. 그리고 빙하의 감소는 해수면을 상승하게 하고, 해양에서의 열 흡수를 방해해서 폭염, 홍수, 가뭄, 태풍 등 자연재해를 빈번하게 발생시킵니다.

듣고 말하기 ❷

3부 5과 2-1

교수   오늘은 한국의 저출산 문제에 대해 알아봅시다.

저출산이란 태어나는 아이의 수가 감소하여 사회 전반적으로 출산율이 낮아지는 현상을 말합니다. 합계 출산율이 낮을수록 부부당 출산하는 자녀 수는 적어집니다. 합계 출산율이 1.3명 이하인 경우, 초저출산 사회로 분류하는데 한국은 이미 2000년대부터 초저출산 사회로 들어섰습니다.

그렇다면 저출산의 원인은 무엇일까요? 여성의 사회 진출과 경제 활동이 증가한 데 비해 산업 전반에 걸쳐 이에 맞는 복지나 정책이 적절하게 동반되지 못했기 때문입니다. 이로 인해 직장 생활, 육아, 가사를 모두 해결할 수 있는 적절한 방법을 찾기가 어려워지니까 결혼과 출산을 포기하는 경우가 많아지고 있습니다.

또한 개인주의 확산과 가치관의 변화로 결혼과 출산이 필수가 아닌 선택이 되었습니다. 이와 함께 아기를 키우면서 발생하는 양육비, 교육비의 부담과 같은 경제적 문제도 저출산의 중요한 원인이라 할 수 있습니다.

듣고 말하기 ❸

교수 요즘 길에서 개인형 이동 장치를 많이 볼 수 있지요? 여러분 중에도 등굣길에 이걸 타고 온 학생들도 많이 있을 거예요. 개인형 이동 장치는 교통수단으로써 많은 사람들에게 편리함을 제공하고 있습니다만 부주의한 사용으로 인해 교통사고도 급격히 증가하고 있습니다. 관련 뉴스를 한 번 들어 보겠습니다.

기자 최근 6년간 개인형 이동 장치와 관련한 교통사고율을 분석한 결과, 2017년 110건에서 2020년에는 900건으로 급증하였고, 2023년에는 2,400건을 넘어 불과 6년 만에 교통사고율이 무려 20배 넘게 증가한 것을 알 수 있습니다. 사망자는 2017년 네 명에서 2020년에는 열 명, 그리고 2023년에는 스물여덟 명으로 일곱 배 증가한 것을 확인할 수 있습니다. 이처럼 사고가 급격히 증가한 원인은 안전모 미착용, 승차 인원 미준수 등과 같이 시민들이 안전 수칙을 잘 지키지 않는 데 있습니다.

보시다시피 등교할 때면 이렇게 두세 명이 같이 타는 모습을 흔히 볼 수 있는데요. 그러면 안 된다는 걸 알면서도 이용 요금을 아낄 수 있다는 점에서 같이 타는 경우가 많습니다. 사고는 한순간에 발생하는 만큼 시민들이 안전 수칙을 잘 지켜 개인형 이동 장치를 이용하는 것이 중요합니다.

이번에 도로교통법이 개정되었습니다. 개정된 도로교통법에서 개인형 이동 장치의 주의 의무가 강화된 만큼 안전 수칙을 한 번 더 찾아보고 지키려고 노력해야 할 것입니다.

듣고 말하기 ❹

교수 지난 시간에 예고한 것처럼 오늘은 한국 문화 콘텐츠의 성공 요인에 대해 살펴보려고 합니다. 우선 한국 문화 콘텐츠가 전 세계에서 통하는 이유가 무엇인지에 대해 한류 전문가로 손꼽히는 한국대 박승민 교수님을 모셔서 알아보도록 할게요.

교수 안녕하십니까? 한국대 문화콘텐츠학과 교수 박승민입니다. 요즘 한국 문화 콘텐츠의 인기가 식을 줄 모르고 있습니다. 얼마 전 세계적인 K-POP 아이돌 그룹이 빌보드 차트 1위를 차지하고, 젊은 세대를 대표하는 아이콘으로서 UN 총회 무대에서 세계 아동, 청소년 폭력을 근절하기 위한 연설도 하였습니다.

한류 성공의 가장 큰 이유는 전 세계에서 통하는 한국 문화 콘텐츠의 보편성에 있다고 봅니다. 한국은 이제 선진국과 개발도상국, 양쪽 모두에서 공감대를 형성할 수 있는 위치에 도달한 것 같습니다.

선진국은 빈부 격차, 계급 사회의 문제를 우리보다 훨씬 먼저 겪은 나라들이지만 이 문제를 안고 살아가고 있으면서 어느 정도 무뎌졌다고 할 수 있어요. 그런데 한국은 이러한 사회 문제들을 문화 콘텐츠를 통해서 직접적으로 표현을 하죠. 이런 방법으로 표현하면서 상처를 치유하고 있는 한국을 보며 선진국들은 어느 정도 대리 만족을 느낀다고 할 수 있습니다.

반면에 개발도상국의 입장에서는 한국이 50년 전에는 우리랑 비슷했는데 경제적으로, 문화적으로 빨리 발전하는 것을 보면서 우리도 그럴 수 있을 거라는 희망을 가질 수 있습니다. 정리하자면 한국 문화 콘텐츠의 인기 비결은 선진국과 개발도상국 모두에서 공감을 이끌어 낸다는 점에 있다고 할 수 있습니다.

교수   여러분 오늘은 교재 72쪽부터 보도록 할게요. 먼저 이 그림을 한 번 보세요. 무엇을 나타내는 것인지 생각해 봅시다.

'상관관계는 인과관계를 의미하지 않는다'는 말이 있는데요. 상관관계는 두 개의 변수 중에서 한 변수가 증가하면 다른 변수도 따라서 증가하거나 감소하는 것을 말합니다.

만약 두 가지 사실 중 한쪽에서 원인이 발생하여 다른 한쪽에 어떤 결과가 생기면 이 둘 사이에는 인과관계가 있는 것입니다. 그림에 나타나 있는, 스트레스라는 원인은 커피 소비량을 증가시키고 심장병 발생률도 증가시킵니다. 그러므로 스트레스와 커피 소비량, 그리고 스트레스와 심장병 발병률은 각각 서로 인과관계가 있다고 볼 수 있습니다.

그렇다면 커피 소비량과 심장병 발생률의 관계를 볼까요? 커피 소비량의 증가는 심장병 발생률을 증가시키는 데 어느 정도 영향을 미칩니다. 그런데 커피를 안 마신다고 해서 심장병에 안 걸린다고 할 수는 없습니다. 이런 관계는 인과관계가 아닌, 상관관계가 있다고 봅니다.

또 다른 예를 들어 볼까요? 우리는 돈과 행복이 어느 정도 관계가 있다고 생각합니다. 돈이 많으면 행복할 가능성이 높다는 거죠. 하지만 돈이 많아서 행복해진 것인지, 행복한 사람이 더 열심히 일해서 돈이 많아진 것인지는 알 수 없습니다.

즉 돈과 행복은 어느 정도 상관이 있는 것이지 돈이 무조건 행복을 의미한다고 할 수는 없는 것입니다. 결국 돈은 행복과 상관관계에 있는 것이지 인과관계에 있다고 할 수 없습니다.

교수   여러분은 명품 브랜드에 대해 잘 알고 있습니까? 광고나 드라마 등에서 여러 명품 브랜드를 접할 기회가 많아 한두 가지 브랜드는 들어봤을 겁니다. 과거에는 특정 계층에서만 명품을 구매했지만 현재는 일반인들도 명품을 많이 구매합니다.

과거에 상류층은 비상류층과 자신을 구별하기 위해, 비상류층은 상류층을 모방하기 위해 명품을 구매했으나 현재는 명품을 구매하는 이유가 아주 다양해졌습니다. 그 이유로는 미적 감상, 성취감, 가치 소비, 동조 욕구, 부의 과시, SNS에서의 자기 과시 등이 있습니다. 오늘은 명품과 관련된, 같은 듯 조금씩 다른 소비 심리에 대해 알아보겠습니다.

명품과 관련된 소비 심리 중 첫 번째로 베블런 효과가 있습니다. 일부 사람들은 고가의 상품 구입을 통해 자신의 재산과 지위를 드러내고 싶어 합니다. 그리고 이러한 소비가 가능한 사람을 상류층이라고 생각하는 것을 베블런 효과라고 합니다. 사회경제학자인 베블런은 '상류층은 자신의 지위를 드러내기 위해 값비싼 물건을 구매한다'고 보았습니다. 그리고 가격이 올라도 수요가 줄지 않고 오히려 더 늘어나게 되는 물건을 베블런재라고 불렀습니다. 예를 들어 가방이 백만 원이었다가 갑자기 삼백만 원이 되었는데 오히려 더 인기가 많아지는 거죠.

스놉 효과는 과시욕이 작용한다는 점에서 베블런 효과와 비슷하지만, 남들과 다르게 보이고 싶어 하는 마음이 지배적이라서 많은 사람들이 똑같은 명품을 가지고 있으면 그 물건을 외면하는 소비 심리를 의미합니다. 아무리 명품이라고 알려졌어도 구매자가 늘어나면서 인기가 시들해지기도 하는 경우인데요. 이때 명품 시장에서는 더욱 더 고가의 물건을 내놓는 고가 전략으로 소비자의 과시욕을 자극하면서 소비 심리를

듣고 말하는 대학 한국어

듣기 지문

부추깁니다.

세 번째로는 파노플리 효과가 있습니다. '파노플리'란 원래 기사의 갑옷과 투구 한 세트를 가리키는 프랑스 말인데요. 유명인이 사용하는 특정 제품을 구매함으로써 그 사람과 같은 집단에 소속된다는 환상을 갖는 심리를 의미합니다. 지금까지 명품 소비와 관련된 세 가지 심리에 대해 살펴봤는데 여러분은 이런 명품 소비 심리에 대해 어떻게 생각합니까?

3부   6과 대체 왜 해야 할 일을 미룰까요?

듣고 말하기 ❶

교수   SNS는 현대인들의 일상에서 중요한 자리를 차지하고 있습니다. SNS를 적절하게 사용하면 유익한 정보와 즐거움을 제공할 수 있지만 지나치게 사용하면 다양한 문제점을 야기합니다.

가장 큰 문제는 바로 SNS 중독 증상입니다. SNS 중독이란 소셜 네트워크 서비스에 지나치게 의존함으로써 일상에서 문제가 생기는 것을 말합니다. 즉 학업과 일에 집중할 수 없게 되고, 대인 관계에 갈등이 생기거나 심리적으로 불안해지는 등 정신 건강에까지 영향을 끼칠 수 있습니다.

중독 증상에는 다음과 같은 것들이 있습니다. 새로운 게시물이나 알림을 즉시 확인하고 SNS를 바로 사용하지 못하면 불안하거나 분노하는 등의 부정적 감정을 느낍니다. 새로운 게시물을 지나치게 많이 등록하고 그에 대한 반응이나 피드백을 받는 것에 집착합니다. 여러분은 어떤가요? 지금도 SNS를 확인하는 사람이 있을 수 있습니다. 자, 그럼 SNS 중독 증상을 해결하기 위한 방법에는 어떤 게 있는지 팀을 짜서 이야기한 후 발표를 해 봅시다.

듣고 말하기 ❷

교수   이 사진을 한 번 보세요. 많은 사람들이 축제를 즐기고 떠난 후에 남겨진 쓰레기 더미가 어마어마 합니다. 이 문제를 어떻게 해결할 수 있을까요?

스웨덴에서는 쓰레기 투기를 막기 위한 방법으로 '플로깅'이 시작됐습니다. '플로깅'이란 '줍다'를 뜻하는 스웨덴어인 '플로카업'과 영어 '조깅'이 합쳐진 말로 조깅하면서 쓰레기를 줍는 운동을 말합니다. 조깅하면서 쓰레기를 줍는, 즉 일상적인 운동을 환경 보호 활동으로 전환하는 것입니다.

'플로깅'은 일반적인 조깅보다도 칼로리 소모가 더 커서 운동 효과도 훨씬 더 크다고 합니다. 이처럼 건강 유지와 환경 보호라는 이점으로 전 세계적으로 플로깅이 확산되고 있습니다. 이러한 확산은 공공장소의 쓰레기를 줄일 뿐만 아니라 참여자들의 공동체 의식과 책임감을 키우는 데도 기여했습니다.

환경 문제가 심각해지는 상황에서 플로깅에 적극적으로 참여함으로써 우리는 단순히 쓰레기를 줍는 것이 아니라 환경에 대한 책임을 다하는 것입니다. 지금부터 우리도 플로깅을 시작해 보는 건 어떨까요?

듣고 말하기 ❸ 3부 6과 3-1

교수 우리나라는 세계에서 가장 빠르게 고령화가 진행되고 있습니다. 이에 따라 노인 복지 정책이 더욱 중요해지고 있는데 현재의 노인 복지 정책은 빠른 고령화 추세를 따라가지 못하고 있습니다. 이 시간에는 노인 복지 정책에 대해 살펴보도록 하겠습니다.
우선 현재의 복지 예산은 노인 인구의 빠른 증가를 감당할 수가 없습니다. 또한 노인 요양 시설의 경우, 부적절한 관리로 인해 다양한 문제들이 발생하고 있습니다.
이 중 가장 큰 문제는 노인들이 사회에 계속 참여하고 생활을 유지하도록 하는 일자리 정책이 없다는 것입니다. 일자리가 없는 노인들은 경제적 어려움뿐만 아니라 사회적 고립으로 인한 고독사와 같은 문제도 발생하게 됩니다. 따라서 그 어떤 복지 정책 중에서 가장 시급한 것은 일자리를 창출하는 것입니다. 일자리는 노인들의 경제적 자립과 사회 참여를 가능하게 한다는 점에서 삶의 만족도를 높이는 중요한 원동력이 됩니다. 그러므로 노인들이 지속적으로 일할 수 있도록 유연한 근로 조건과 근로 시간을 제공해야 합니다.
그리고 세대 간 활동을 촉진하여 노인들이 지역 사회에 기여하고 지혜와 경험을 공유하도록 하는 것이 필요합니다. 모든 세대가 더불어 행복해지기 위해서는 정부의 전반적인 복지 정책의 개선과 함께 사회 구성원들의 이해와 지지가 필요합니다.

듣고 말하기 ❹ 3부 6과 4-1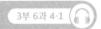

교수 디지털 환경의 진화로 SNS, 포털 사이트 등의 온라인 공간에 활발하게 참여하게 되면서 가짜 뉴스가 판을 치게 되었습니다. 콘텐츠 제작과 공유가 철저히 익명으로, 손쉽게 이뤄지고 순식간에 동시다발적으로 퍼져 나가기에 규제 기관의 차단이 쉽지 않아 피해자는 그야말로 속수무책으로 당하기 십상입니다.
가짜 뉴스는 사실과 다른 정보를 제공하거나 왜곡된 정보를 제공하여 사람들의 판단력을 흐리게 하고, 혼란을 야기합니다. 가짜 뉴스인지 아닌지를 알기 위해서는 어떻게 해야 할까요?
먼저 뉴스를 듣는 사람들은 뉴스의 출처, 내용, 제목 등을 신중하게 검토해야 합니다. 또한 다양한 뉴스 미디어를 활용하여 뉴스를 다각적으로 바라봐야 합니다.
뉴스 제공자들은 뉴스의 진실성과 신뢰성을 유지하기 위해 노력해야 합니다. 뉴스를 제공할 때, 사실과 다른 정보를 제공하지 않아야 하고, 뉴스의 출처를 명확하게 밝혀야 합니다.
그리고 정부는 가짜 뉴스에 대한 규제를 통해 뉴스 소비자들이 뉴스를 올바르게 이해하고, 뉴스 제공자들이 뉴스를 적절하게 제공할 수 있도록 지원해야 합니다. 또한 기술적인 방법을 개발하여 가짜 뉴스를 탐지하고 제거하면서 뉴스 소비자들에게 뉴스의 출처와 정확성을 확인할 수 있도록 해야 합니다.
학교에서는 뉴스 리터러시 교육을 통해 학생들이 가짜 뉴스와 진짜 뉴스를 구분할 수 있는 분별력을 가질 수 있도록 해야 합니다.

듣고 말하기 ❺

3부 6과 5-1

교수 여러분도 해야 할 일을 미룬 적이 있지요? 누구나 일을 미룬 경험이 있을 겁니다. 한 연구에 따르면 성인의 20%가 일을 미루는 습관이 있다고 하는데 실제론 그보다 더 많은 사람들이 더 자주 일을 미룬다고 해요.

그런데 이런 일이 자주 생기면 문제가 될 수 있습니다. 아주 중요한 기회를 놓치게 되거나 인간관계에도 문제가 생길 수 있어요. 대체 우리는 왜 할 일을 미룰까요? 게을러서일까요? 그렇게만은 보기 어렵습니다. 그보다는 더 근본적인 원인이 있습니다.

첫 번째 원인으로, 사람들은 일을 완벽하게 처리하고 싶은 마음에서 일을 미루는 경향이 있다고 합니다. 실패를 하고 싶지 않아서 일을 지연시키거나 회피하게 되는 것입니다. 이럴 땐 '실천이 완벽보다 낫다'는 마음으로 조금씩이라도 일을 실천하는 게 다른 사람들에게도 더 좋은 인상을 남길 수 있겠지요?

그다음으로 다른 사람의 명령에 민감하게 반응하는 경우입니다. 예를 들어 스마트폰을 좀 보다가 공부를 하려고 하는데 엄마가 "공부 좀 해라!"라고 하면 공부가 하기 싫어집니다. 이때 공부하지 않는 이유는 엄마 탓이 아니라 자신의 내면에 있는 분노, 불안감 때문이므로 화를 내는 진짜 이유에 대해 자신에게 질문을 던져봐야 합니다.

마지막으로 마감 기한까지 충분한 시간이 있더라도 계속 일을 미루다가 마감 직전에 하는 경우입니다. 이런 사람들은 자신이 코너에 몰린 순간 일을 잘한다고 착각하는 경우가 많습니다.

전문가들은 놀고 싶은 욕망 때문에 일을 미루면 오히려 더 스트레스를 받게 되고 행복감이 떨어진다고 합니다. 또한 일을 계속 미루다 보면 성실하게 일을 하는 사람들에게 뒤처질 수밖에 없습니다. '시작이 반'이라고 일을 조금씩이라도 시작해 본 다음에 달콤한 휴식 시간을 즐겨 보는 게 어떨까요?

듣고 말하기 ❻

3부 6과 6-1

교수 오늘은 문제 해결 능력에 대해 살펴보겠습니다. 많은 사람들이 문제를 해결하는 능력은 수학 문제를 풀 때만 필요하다고 생각하는데 대부분의 직장에서도 요구되는 능력입니다. 회계, 프로그래밍, 사건 수사부터 창의성이 요구되는 연기, 글쓰기, 미술 영역에까지 문제 해결 능력이 필요합니다.

이뿐만 아니라 모든 사람들은 일상생활을 하면서 크고 작은 문제를 맞닥뜨리게 됩니다. 여러분 중에도 누군가는 지금, 어떤 문제로 고민하고 있을 수 있고, 또 다른 누군가는 이미 문제를 잘 해결했을 수도 있습니다. 그렇다면 일상에서 문제 해결 능력을 기르기 위한 방법에는 어떤 것이 있을까요? 이 방법을 들으면 여러분은 아주 깜짝 놀랄 거 같습니다. 왜냐하면 문제 해결 능력을 기르는 방법이 아주 쉽고 재미있기 때문입니다.

두뇌를 활성화하기 위해서는 근육과 마찬가지로, 지속적으로 문제를 해결하는 습관을 길러야 합니다. 뇌를 자극하는 운동인 단어 게임, 예를 들어 가로세로 낱말 퀴즈는 뇌의 다양한 부분을 사용하게 만듭니다. 또한 우리 뇌는 단어와 함께 숫자를 다룰 때 정보를 분석하는 부분을 활성화시킵니다. 그러므로 수학적인 능력을 사용하는 게임도 문제 해결 능력을 기르는 데 도움이 됩니다. 테트리스와 같은 퍼즐 게임, 전략적이거나 분석적인 사고를 요하는 게임도 도움이 될 수 있습니다.

그리고 취미를 통해서도 문제 해결 능력을 기를 수 있습니다. 특히 외국어를 배우는 것은 좌뇌와 우뇌 양쪽을 사용하기 때문에 논리적으로 생각하고, 문제 해결과 연관이 있는 부위와 정보 분석을 담당하는 부위를 동시에 발달시킬 수 있습니다. 웹 디자인, 프로그래밍, 체스, 바둑과 같은 취미도 문제 해결 능력을 기르는 데 도움이 됩니다. 어때요? 오늘 당장 해 볼 수 있는 방법들이지요?

모범 답안

듣고 말하기 ❶

2. ③
3. 1) X   2) O   3) O

듣고 말하기 ❷

2. ③
3. 1) O   2) X   3) O

듣고 말하기 ❸

2. ②
3. 1) X   2) O   3) O
4. 대학은 인생을 <u>설계하는</u> 곳이며 많은 경험을 쌓을 수 있는 보물 창고이다. 대학에서의 <u>경험은</u> 인생의 귀중한 <u>자산이</u> 되고 경험을 통해 자신이 <u>좋아하는</u> 것과 <u>잘하는</u> 것을 발견할 수 있기 때문에 다양한 경험을 해 보는 것을 <u>추천한다</u>. 대학에서 보낼 시간들은 미래를 <u>설계하는</u> 데 상당히 큰 <u>영향을</u> 미칠 것이다. 자신을 믿고 열정을 가지고 꿈을 향해 나아가야 한다.

듣고 말하기 ❹

2. ④
3. 1) X   2) X   3) O
4. 방학 중에 수강 <u>신청을</u> 해야 한다. 수강 신청 전에 수강 가능 <u>학점을</u> 확인해야 하고 <u>장학금을</u> 받으려면 최소 15학점을 <u>이수해야</u> 한다. 수강 신청은 컴퓨터나 <u>모바일로</u> 할 수 있으며 듣고 싶은 과목을 <u>골라</u> 신청한 후에 신청이 잘 되었는지 <u>확인</u>하는 것이 좋다.

듣고 말하기 ❺

2. 1) 4층   그룹 학습실, 식당, 문구점이 있다.
   2) 3층   사회 과학 책을 빌릴 수 있다.
   3) 1층   멀티미디어 자료실과 카페가 있다.
3. ④
4. 1) O   2) X   3) X
5. 중앙도서관은 지하 1층부터 <u>4층까지</u> 다양한 시설이 있다. 지하 1층에는 학생들이 언제든지 와서 공부할 수 있는 24시간 <u>열람실이</u> 있다. 1층 멀티미디어 자료실에서는 동영상 강의를 듣거나 DVD <u>시청도</u> 가능하다. 2층과 3층에는 책을 빌릴 수 있는 <u>자료실이</u> 있다. 2층에는 인문 예술, 3층에는 사회 과학에 관련된 책이 있다. 마지막으로 4층에는 그룹 <u>학습실이</u> 있다.

듣고 말하기 ❻

2. ③
3. 1) 근로 장학금 - 교내에서 일을 하면서 받는 장학금

302

2) 교외 장학금 - 학교가 아닌 기관에서 주는
　 장학금

4. 1) O　　　 2) O　　　 3) X

5. 장학금의 유형은 크게 교내 장학금과 교외
　 장학금으로 나눌 수 있다. 교내 장학금에는
　 성적 장학금하고 근로 장학금이 있다. 근로
　 장학금은 교내 도서관이나 식당에서 일하면서
　 받는 장학금이다. 교외 장학금으로는 기업에서
　 주는 장학금이 있다. 이러한 장학금에 대한
　 정보는 학교 홈페이지나 포털 사이트에서 찾을
　 수 있다.

2과 | 한국어를 아주 유창하게 잘하시는데요?

듣고 말하기 ❶

2. ②

3. 1) O　　　 2) O　　　 3) X

듣고 말하기 ❷

2. ②

3. 1) X　　　 2) X　　　 3) O

듣고 말하기 ❸

2. 5월 17일

3. 1) O　　　 2) X　　　 3) O

4. 한국대학교의 외국인 학생들이 성년의
　 날을 맞아 향교에서 전통 성년식을 했다.
　 우즈베키스탄에서 온 자보키르는 처음으로

하게 된 한국 문화 체험이 성년식이라서
더욱 뜻깊었다고 하였다. 처음에는 성년식이
무엇인지 몰랐지만 한복도 입고 갓도 쓰고
직접 경험을 해 보니 성년식에 대해 잘 알게
되었다고 하였다.

듣고 말하기 ❹

2. ③

3. 1) X　　　 2) O　　　 3) O

4. 우리 대학에는 에는 외국인 유학생들이 참여할
　 수 있는 다양한 행사가 있다. 먼저 한국 음식
　 문화 체험에서는 한국 음식을 만들고 시식할 수
　 있다. 그리고 외국인 축구 대회에서 유학생뿐만
　 아니라 이 지역에 거주하는 외국인들이 축구를
　 하면서 서로 교류도 하고 우정을 쌓을 수 있다.
　 이외에도 다양한 행사가 있는데 이런 행사에
　 참여하면 새로운 경험도 할 수 있고, 여러 나라
　 사람들과 친목도 도모할 수 있다.

듣고 말하기 ❺

2. ②

3. ④

4. 1) X　　　 2) O　　　 3) X

5. 인도에서 온 수지타는 지난달 외국인 말하기
　 대회에서 대상을 받았다. 지도 교수님의
　 적극적인 추천으로 대회에 나가게 되었다.
　 처음에는 한국어를 잘하지 못해서 자신이
　 없었지만 교수님이 도와주고 응원해 줘서
　 참가하였다. 대회를 통해서 수지타는 한국어
　 실력이 늘었고 여러 나라 친구들을 사귀었다.
　 그리고 자신감도 얻게 되었다.

듣고 말하기 ❻

2. ②

3. ④

4. 1) O   2) X   3) X

5. 체육 대회는 유학생들의 <u>친목</u> 도모를 위한 행사이다. 축구, 농구, 이어달리기 등 다양한 <u>종목들이</u> 있다. 그리고 경기뿐만 아니라 다양한 행사와 <u>경품도</u> 준비되어 있다. <u>개회식</u> 이후에 여러 경기가 <u>동시에</u> 진행된다. 참가자들은 경기 시작 시간 20분 전까지 해당 <u>장소에</u> 모여야 한다. 시작 전에 준비 운동을 해서 <u>부상이나</u> 사고가 없도록 <u>주의해야</u> 한다. 모든 경기가 종료된 후에는 <u>시상식이</u> 있다.

3과 | 졸업하면 무슨 일을 하고 싶어요?

듣고 말하기 ❶

2. ④

3. 1) X   2) O   3) O

듣고 말하기 ❷

2. ④

3. 1) O   2) O   3) X

듣고 말하기 ❸

2. ④

3. 1) O   2) X   3) O

4. 대학 생활을 하면서 먼저 다양한 경험을 해 보고 학교생활에 <u>적응하는</u> 것이 중요하다. 그리고 <u>진로에</u> 대해 고민해 보고 진로 적성 검사를 받아 자신의 <u>적성과</u> 흥미를 정확히 알고 있는 것이 좋다. 또한 관심 있는 <u>자격증이</u> 있으면 준비하는 것도 추천한다. 자격증을 있으면 취업할 때 <u>가산점을</u> 주는 회사가 많이 있다. <u>인턴</u> 활동을 통해 하고 싶어 하는 일을 직접 <u>경험해</u> 보는 것도 좋은 방법이다.

듣고 말하기 ❹

2. ①

3. 1) X   2) X   3) O

4. 3, 4학년을 <u>대상으로</u> 하는 진로 캠프가 이번 방학에 있을 예정이다. 실용적이고 취업 역량을 <u>강화하는</u> 많은 프로그램이 준비되어 있다. 먼저 취업 멘토링 프로그램은 <u>현장에서</u> 일하고 계신 분들과 직접 토크쇼 형식으로 진행하여 기업과 <u>직무에</u> 대해 물어보는 시간이다. 그리고 <u>취업</u> 전략, 입사 지원서 작성법, 모의 <u>면접</u> 등 취업을 준비하고 있는 학생들에게 매우 <u>유용한</u> 프로그램이 많이 준비되어 있다.

듣고 말하기 ❺

2. ③

3. 1) 관습형 - 공인 회계사, 경제 분석가, 안전 관리사

    2) 사회형 - 사회복지사, 교육자, 간호사

    3) 진취형 - 기업 경영인, 정치가, 판매원

    4) 예술형 - 예술가, 음악가, 무대 감독

5) 탐구형 - 언어학자, 심리학자, 과학자

6) 현실형 - 기술자, 조종사, 엔지니어

4. 1) X   2) O   3) O

5. 직업 선호도 <u>검사는</u> 전 세계적으로 많이 사용되는 홀랜드의 흥미 유형 분류에 <u>기반을</u> 두고 있다. 이 검사는 개인의 <u>흥미를</u> 측정한 것을 <u>토대로</u> 흥미 유형을 <u>제시해</u> 준다. 흥미 유형은 현실형, 탐구형, 예술형, 사회형, 진취형, 관습형 등 6가지로 <u>나뉜다</u>. 각 유형별로 개인에게 <u>적합한</u> 직업도 알 수 있다.

1과 | 다음 주에는 현장 실습을 합니다

듣고 말하기 ❶

2. ①

3. 1) O   2) X   3) O

듣고 말하기 ❻

2. ③

3. ①

4. 1) X   2) O   3) X

5. 한국어교육학과는 <u>한국어교원을</u> 양성하기 위한 맞춤형 교육 과정을 <u>운영하고</u> 있다. 필수 과목을 모두 <u>이수하고</u> 학과 교육 과정을 잘 따라오면 졸업과 <u>동시에</u> 한국어교원 자격증을 <u>취득할</u> 수 있다 외국인 학생이 한국어교원자격증을 <u>받으려면</u> 한국어능력시험 6급에 <u>합격해야</u> 한다. <u>한국어교원자격증이</u> 있으면 국내외 다양한 곳에서 한국어교원으로 일할 수 있다.

듣고 말하기 ❷

2. ④

3. 1) O   2) X   3) X

듣고 말하기 ❸

2. ③

3. 1) X   2) O   3) X

4. 수업 <u>계획서에</u> 수업에 대해 자세하게 <u>소개되어</u> 있다. 수업의 <u>목표는</u> 건축 전반에 대한 기초 <u>개념을</u> 배우는 것이다. 교재를 중심으로 수업을 하니까 <u>교재가</u> 필요하다. 이 과목은 <u>격주로</u> 대면과 <u>비대면</u> 수업이 <u>병행된다</u>. 수업을 다 듣고 <u>퀴즈를</u> 풀어야 한다.

듣고 말하기 ❹

2. ①

3. 1) O   2) O   3) X

4. 대학 생활을 <u>슬기롭게</u> 잘하려면 알아야 할

것들이 있다. 수강 신청할 때 과목이 교양 선택, 교양 필수, 전공 선택, 전공 필수와 같이 구분되어 있다. 전공 필수는 전공을 이수하기 위해 꼭 들어야 하는 과목이다. 필수 과목을 안 들었거나 학점이 모자라면 졸업할 수 없다. 지도 교수님과 일대일로 상담하거나 그룹으로 상담할 수 있다.

듣고 말하기 ❺

2. ③
3. ①
4. 1) X　　　2) O　　　3) O
5. 전공 선택 과목으로 수련생이 유급자 단계에서 수행해야 할 서기와 손동작, 발차기, 점프, 구르기, 격파, 태권 체조를 학습한다. 각 동작에 대한 개념과 방법을 소개하고 동작을 반복 연습하여 태권도의 기본 기술 이론과 실기 능력을 기르도록 한다. 그리고 기술들을 다른 학생들에게 직접 가르치며 지도자로서의 역량도 길러 낸다.

듣고 말하기 ❻

2. 1) 1~3주차　[수업(실습 현장 사례 소개)]
　　2) 4~6주차　[실습(미용 현장)]
3. ②
4. 1) X　　　2) O　　　3) O
5. 이 수업은 직접 현장에 나가서 실습을 하는 실습 과목이라 이론 수업과는 진행 방식이 다르다. 총 15주 중에서 1주차부터 3주차까지 실습 현장에서 도움이 될 만한 사례를 학습한다. 4주차부터 6주차까지 3주 동안은

미용 현장에서 전문 미용사로서 어떤 역할을 수행해야 하는지 경험하고 실습 기관에서 평가를 받게 된다. 8주차부터 14주차까지는 현장에서 느낀 것을 발표한다. 피드백을 통해 실습을 점검한다.

2과 | A+를 받는 비결이 뭐예요?

듣고 말하기 ❶

2. ②
3. 1) O　　　2) X　　　3) X

듣고 말하기 ❷

2. ③
3. 1) X　　　2) O　　　3) X

듣고 말하기 ❸

2. ①
3. 1) X　　　2) O　　　3) O
4. 한국어를 잘하기 위해서는 우선, 좋아하는 드라마나 예능 프로그램을 시청하며 듣고 따라하는 것이 중요하다. 이 방법으로 한국어 억양을 자연스럽게 습득할 수 있다. 그리고 좋아하는 문장을 하루에 최소 3문장씩 외우고 항상 한국어로만 이야기하려고 노력해야 한다. 마지막으로, 앞에서 말한 방법을 매일 꾸준히 하는 것이 제일 중요하다.

듣고 말하기 ❹

2. ②

3. 1) X   2) O   3) O

4. 보고서를 쓸 때는 보고서의 <u>주제를</u> 파악하는 것이 중요하다. 그다음 주제에 맞게 <u>자료를</u> 수집한 후 <u>개요를</u> 작성해야 한다. 작성한 개요를 바탕으로 <u>초안을</u> 쓴 다음 검토하고 <u>수정하는</u> 과정이 필요하다. 무엇보다 중요한 것은 <u>양식에</u> 맞추어 쓰는 것과 보고서의 <u>마감</u> 기한을 잘 지키는 것이다.

듣고 말하기 ❺

2. ③

3. 1) 도입부 - 발표의 목적과 주제 소개

     2) 전개부 - 발표의 핵심 내용 전달

     3) 종결부 - 발표 내용 요약과 마무리

4. 1) O   2) X   3) O

5. 발표는 정보를 <u>효과적으로</u> 전달하는 데 중요한 역할을 한다. 발표를 <u>잘하는</u> 방법은 무엇인가? 첫째, 발표할 내용이 명확한 <u>구조를</u> 갖추어야 한다. 둘째, 발표 중에는 <u>간결한</u> 언어를 사용해야 한다. 셋째, 발표 연습은 <u>필수이다.</u> 넷째, 청중과 <u>소통을</u> 해야 한다.

듣고 말하기 ❻

2. ②

3. ②

4. 1) X   2) O   3) X

5. 필기를 잘하는 첫 번째 방법은 수업 중 필기와 정리용 필기를 구분하는 것이다. <u>수업 중</u>

필기는 강의 내용의 핵심을 <u>메모하는</u> 것이고, 정리용 필기는 수업 후 <u>복습하면서</u> 쓰는 것이다. 두 번째 방법은 다양한 펜을 <u>사용하여</u> 필기하는 것이다. 기본 내용은 검은색으로, 보충 설명은 파란색으로, 핵심 내용은 빨간색으로 적어 <u>구분한다.</u> 필기는 단순히 내용을 <u>기록하는</u> 것이 아니라, 자신만의 학습 방법을 <u>찾아가는</u> 과정이다.

3과 | 팀 발표에서 무임승차를 하면 안 됩니다

듣고 말하기 ❶

2. ③

3. 1) X   2) O   3) X

듣고 말하기 ❷

2. ④

3. 1) O   2) O   3) X

듣고 말하기 ❸

2. ③

3. 1) O   2) X   3) X

4. 교수님께 이메일을 보낼 때는 먼저 <u>인사말을</u> 쓰고, 이름, <u>학과,</u> 학번을 써야 한다. 그리고 교수님의 수업을 듣는 학생이 많기 때문에 무슨 <u>과목을</u> 듣는지 써야 한다. 또 <u>추천서를</u> 받기 위해서는 <u>미리</u> 자기소개서와 <u>학업</u> 계획서를 준비해 놓는 것이 좋다.

듣고 말하기 ❹

2. ④

3. 1) X　　　2) O　　　3) O

4. 시험을 볼 때 <u>신분증</u>과 필기도구를 꼭 <u>챙겨야</u> 한다. 또한, 다른 사람의 <u>시험지</u>를 보거나 책, 메모지, 스마트폰, 스마트 워치 등을 보면 안 된다. 시험을 볼 때 말을 하거나 주위를 <u>여기저기</u> 둘러보면 <u>부정행위를</u> 한 것으로 <u>간주되어서</u> 시험지가 <u>압수</u>되고 영점 처리된다. 만일 <u>답안지가</u> 더 필요하거나 질문이 있다면 말하지 말고 <u>조용히</u> 손을 들어야 한다.

듣고 말하기 ❺

2. 1) 저작권 침해

> 파워포인트에 사진, 그림, 동영상, 표, 그래프 등의 출처를 밝히지 않았다.

　 2) 초상권 침해

> 파워포인트에 다른 사람이 찍힌 사진을 그 사람의 허락을 받지 않고 넣었다.

3. ①

4. 1) O　　　2) X　　　3) X

5. 파워포인트를 <u>사용하여</u> 발표할 때 파워포인트로 보여 주는 자료의 <u>출처를</u> 밝히지 않으면 <u>저작권</u> 문제가 생길 수 있다. 또한 발표자가 직접 찍은 사진이라도 다른 사람의 얼굴이 있다면 그 사람의 <u>허락을</u> 받고 파워포인트에 넣어야 한다. 그렇지 않으면 <u>초상권</u> 문제가 <u>발생할</u> 수 있다. 수업 시간에 선생님의 강의나 다른 학생의 발표를 <u>녹음하거나</u> 녹화하는 것은 좋지 않다.

듣고 말하기 ❻

2. ②

3. ②

4. 1) O　　　2) X　　　3) O

5. 사회봉사 교과목은 대학에서 교양 <u>필수</u> 교과목이다. 대학생은 사회봉사 활동을 통하여 <u>성숙한</u> 사회인으로 성장할 수 있다. 우선 대학생은 미래 사회의 지도자로서 필요한 <u>자질을</u> 형성해야 한다. 다음으로 대학생은 사회 문제에 대해 <u>인식하고</u> 사회적 <u>책임감을</u> 가져야 한다. 마지막으로 사회봉사 활동을 통해 인간의 <u>존엄성과</u> 가치에 대해 인식할 수 있다.

3부

1과 | 가스라이팅에 대해 들어 본 적 있어요?

듣고 말하기 ❶

2. ③

3. 1) X　　　2) O　　　3) X

듣고 말하기 ❷

2. ③

3. 1) X　　　2) O　　　3) O

듣고 말하기 ❸

2. 1) 북 - 구름　　　　2) 징 - 바람
　 3) 장구 - 비　　　　4) 꽹과리 - 천둥

3. 1) X　　　　2) X　　　　3) O

4. 사물놀이는 꽹과리, 징, 장구, 북 등 네 가지 악기를 연주하는 것이다. 네 가지 악기는 각각 자연을 상징한다. 사물놀이는 풍물놀이를 실내 공연에 적합하게 재구성해서 만든 것으로 역사는 길지 않지만 다양한 장르와 협연을 하면서 한국을 대표하는 공연 장르가 되었다.

듣고 말하기 ❹

2. ②

3. 1) O　　　　2) X　　　　3) X

4. 가스라이팅은 타인에 대한 통제력을 강화하는 것으로 타인의 심리나 상황을 조작해서 그 사람이 자신의 판단을 스스로 의심하게 만드는 것이다. 주로 가해자와 피해자는 부부, 친구, 연인 등 밀접한 관계일 때 나타난다. 가해자는 피해자를 비판하거나, 가해자가 피해자인 척하고, 때로는 사랑을 이용하기도 한다.

듣고 말하기 ❺

2. 경제 상황 어려워짐, 취업에 대한 불안 커짐
　 ⇒ 결혼에 대한 인식 변화 ⇒ 1인 가구 급증
　 ⇒ 소비 패턴 변화로 새로운 트렌드 형성 ⇒
　 일코노미 상품 개발

3. ①

4. 1) X　　　　2) O　　　　3) O

5. 1인 가구는 한 명이 단독으로 생계를 유지하고 있는 생활 단위를 말한다. 1인 가구는 2022년에는 750만 명으로 증가했고 이런 추세라면 2028년에는 1,000만 명이 넘을 거라고 예측하고 있다. 비혼과 만혼이 증가함에 따라 1인 가구도 늘고 있다. 1인 가구의 증가로 인해 혼자만의 생활을 즐기고 소비하는 것을 뜻하는 '일코노미'라는 단어도 생겼다.

듣고 말하기 ❻

2. ④

3. ②

4. 1) X　　　　2) X　　　　3) O

5. 유네스코 세계유산이란 세계유산협약에서 규정한 탁월한 보편적 가치를 지닌 유산이다. 세계유산은 자연유산, 문화유산, 복합 유산 등 세 가지로 나뉜다. 가야 고분군은 한반도에 600년간 존속했던 고대 문명 가야의 역사적, 문화적 가치를 보여 주는 문화유산이다. 가야 문명은 고대국가 연맹체이면서 주변국과 자율적이며 수평적인 관계를 유지하였다. 가야 고분군은 가야 문명의 실증적 증거로 고대 문명의 다양성을 보여 준다.

2과 | 그라피티는 낙서와 다를까요?

듣고 말하기 ❶

2. ②

3. 1) O　　　　2) X　　　　3) O

듣고 말하기 ❷

2. ①

3. 1) O   2) X   3) O

듣고 말하기 ❸

2. ①

3. 1) X   2) O   3) X

4. 컴퓨터 운영 체계는 컴퓨터를 효율적으로 관리해서 사용자가 컴퓨터를 편하고 쉽게 사용하도록 하는 소프트웨어이다. 스마트폰에도 운영 체계가 있는데, 대표적으로 안드로이드와 아이오에스가 있다. 안드로이드는 여러 제조사의 스마트폰과 태블릿 PC에 사용되고 다양한 애플리케이션에 쉽게 접근할 수 있는 반면, 아이오에스는 애플 기기에만 사용된다. 또한 안드로이드는 보안성이 떨어지나 아이오에스는 보안성이 높다는 차이가 있다.

듣고 말하기 ❹

2. ③

3. 1) O   2) X   3) X

4. 뮤지컬과 오페라는 연기, 노래, 무용 등 다양한 형태의 예술 장르가 조화를 이루는 종합 예술이다. 오페라에서는 모든 대사를 노래로 전달하기 때문에 출연자를 오페라 가수라고 하며, 뮤지컬에서는 노래 없이 대사만으로 연기를 하는 비중이 비교적 크기 때문에 출연자를 뮤지컬 배우라고 한다.

듣고 말하기 ❺

2. ③

3. ④

4. 1) X   2) O   3) O

5. 원숭이, 판다, 바나나 중, 서양인은 원숭이와 판다를 묶고, 동양인은 원숭이와 바나나를 묶었다. 이는 서양인은 개체 중심의 사고를 하고, 동양인은 관계 중심의 사고를 한다는 것을 말해 준다. 다음으로 하늘에 있는 열기구 중에서 동양인은 가장 큰 열기구를 앞에 있는 것으로 선택했지만 서양인은 가장 작은 열기구를 앞에 있는 것으로 보았다. 동양인은 자신을 열기구의 도착점으로 인식하는 데 반해 서양인은 자신을 열기구의 출발점으로 인식하기 때문이다.

듣고 말하기 ❻

2.

	친환경차	가솔린차
1) 구입비	비싸다	싸다
2) 연료비	싸다	비싸다
3) 동력원	전기, 수소, 화석 연료	화석 연료

3. ①

4. 1) O   2) X   3) X

5. 친환경차는 가솔린차에 비해 비싸지만 연비도 좋고, 정부에서 구매 보조금 지원, 소비세, 취득세 감면 등 여러 가지 혜택을 주고 있다. 친환경차는 동력원에 따라 화석 연료를 사용하지 않는 차와 화석 연료와 전기를 조합하여 사용하는 차로 나눌 수 있다. 전기차와 수소 전기차는 화석 연료를 전혀 사용하지 않고 배터리와 모터만으로 움직이는 완전 무공해차이다.

3과 | ESTJ는 관리자형입니다

듣고 말하기 ❶

2. ③

3. 1) O   2) X   3) X

듣고 말하기 ❷

2. ②

3. 1) X   2) O   3) O

듣고 말하기 ❸

2. ①

3. 1) O   2) O   3) X

4. 역사를 체계적으로 살펴보려면 시대를 정확하게 구분해야 한다. 시대를 구분하는 방법은 다양한데, 우리에게는 르네상스 시대를 기준으로 시대를 구분한 고대, 중세, 근대, 현대가 익숙하다. 이밖에 생산을 담당하는 계층에 따라 자급자족 사회, 노예제 사회, 봉건제 사회, 자본주의 사회로 나누며, 사회의 지배 세력에 따라 귀족 사회, 양반 사회, 시민 사회 등으로 구분하기도 한다.

듣고 말하기 ❹

2. ①

3. 1) O   2) X   3) X

4. 한국e스포츠협회에서는 e스포츠를 정식 종목과 시범 종목으로 나누고 정식 종목을 다시 전문 종목과 일반 종목으로 나누고 있다. 전문 종목은 직업 선수가 활동할 수 있는 대회가 있거나 리그를 구축할 수 있다고 인정받은 종목이다. 일반종목은 직업 선수가 활동하지는 않지만 발전 가능성이 있다고 인정받은 종목이다.

듣고 말하기 ❺

2.

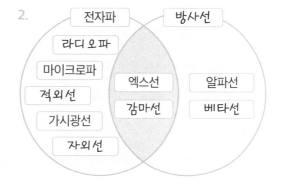

3. ③

4. 1) X   2) O   3) X

5. 라디오파, 마이크로파, 적외선, 가시광선, 자외선, 엑스선, 감마선은 전자파로 분류된다. 이 중에서 엑스선과 감마선은 알파선, 베타선 등과 함께 방사선으로 분류될 수 있다. 엑스선은 투과력이 강해서 인체와 물체의 내부를 파악할 수 있기 때문에 엑스레이 촬영, CT 촬영, 보안 검색 등에 두루 활용된다. 전자파 중 파장이 가장 짧은 감마선은 투과력과 에너지가 매우 강해서 암 치료에 이용된다.

듣고 말하기 ❻

2. ④

3. 1) 생활 양식 - 판단형, 인식형

   2) 인식 기능 - 감각형, 직관형

   3) 판단 기능 - 감정형, 사고형

   4) 에너지 방향 - 외향형, 내향형

4. 1) O   2) O   3) X

5. MBTI는 <u>각자</u> 문항에 답하면서 자신이 <u>선호하는</u> 경향을 파악하여 직업 선택, 대인 관계 등 <u>실생활에</u> 응용할 수 있도록 <u>제작된</u> 검사이다. 인간의 <u>선호</u> 지표는 에너지 방향, <u>인식</u> 기능, 판단 기능, 생활 양식 등 네 가지이며, 개인의 <u>성향은</u> 각 선호 지표의 <u>양극</u> 유형 중 어느 하나가 <u>선택된다</u>. 따라서 MBTI 유형은 <u>총</u> 열여섯 가지이다.

4과 | 용은 신성한 힘을 가진 동물입니다

듣고 말하기 ❶

2. 1) 귀 - 길고 위험한 상황을 빨리 알 수 있음

   2) 눈 - 주변과 어두운 곳을 잘 볼 수 있음

   3) 발 - 넓고 털이 많아 미끄러지지 않음

   4) 털 - 부드럽고 다양한 색을 가짐

3. 1) X   2) O   3) X

듣고 말하기 ❷

2. 1) 벽 - 따뜻한 베이지색

   2) 창문 - 햇빛으로 환한 분위기

   3) 책상 - 학용품과 노트북

   4) 침대 - 부드러운 이불과 인형들

3. 1) X   2) X   3) O

듣고 말하기 ❸

2. ③

3. 1) X   2) O   3) X

4. 흔히 독서는 마음의 <u>양식</u>이라는 말을 한다. 이것은 음식이 몸에 필요한 <u>영양분을</u> 제공하는 것처럼 책에서 얻은 <u>지혜가</u> 마음과 정신에 필요한 영양분을 제공한다는 것을 <u>비유한다</u>. 책을 읽으면 <u>새로운</u> 아이디어를 얻고 다른 <u>관점을</u> 이해하며 사고를 확장하게 된다. 이는 <u>마치</u> 건강한 식사가 우리의 몸을 건강하게 유지하게 해 주는 것과 <u>같다</u>.

듣고 말하기 ❹

2. 1) 길 - 인생

   2) 나의 태양 - 당신

   3) 잔잔한 호수 - 내 마음

   4) 물이 흐르듯이 - 친구의 말

3. 1) X   2) O   3) O

4. 비유는 표현하려는 대상을 다른 대상에 <u>빗대어</u> 나타내는 표현 방법이다. 비유를 사용하면 <u>참신한</u> 느낌을 줄 수 있고 더욱 <u>생생한</u> 느낌을 준다. '같이', '처럼', '-듯이' 등의 표현을 <u>활용하여</u> 한 대상을 다른 대상에 직접 빗대어 표현하는 방법이 있다. 그리고 'A는 B이다', 'A의 B'라는 <u>형식으로</u> 한 대상을 다른 대상에 <u>암시적으로</u> 빗대어 표현하는 방법이 있다.

   상징은 표현하려는 추상적인 개념을 <u>구체적인</u> 사물로 나타내는 방법입니다. 시에서 상징을

사용하면 대상이 지닌 본래의 의미에서 새로운 의미로 보다 풍부하게 표현할 수 있다.

듣고 말하기 ❺

2. 1) 프리지아 - 당신의 시작을 응원함
   2) 해바라기 - 당신만을 바라봄
   3) 빨간 장미 - 불같이 타오르는 사랑

3. ②

4. 1) O　　　 2) O　　　 3) X

5. 사랑하는 사람에게 꽃을 주로 선물하는 이유는 꽃으로 자신의 마음을 표현할 수 있기 때문이다. 꽃마다 의미하는 꽃말이 다르다. 장미는 사랑하는 사람에게 선물하는 대표적인 꽃으로 색깔에 따라 조금씩 다른 의미를 가지고 있다. 해바라기는 해만 바라보는 꽃이라는 이름처럼 꽃말도 '당신만 바라봅니다'라고 한다. 프리지아는 '당신의 시작을 응원합니다'라는 꽃말을 지녀 입학이나 졸업, 취업을 하는 사람에게 많이 선물한다. 이런 꽃말을 잘 기억했다가 소중한 사람에게 마음을 잘 전달하기를 바란다.

듣고 말하기 ❻

2. 1) 유니콘　　　　　 2) 용
   3) 해태　　　　　　 4) 구미호

3. ①

4. 1) O　　　 2) X　　　 3) O

5. 나라마다 신화와 전설에 나오는 상상 속 동물이 다르다. 구미호는 몹시 교활한 사람 또는 매혹적인 여성을 빗대어 말한다. 유니콘은 순수한 어린 아이와 친구로 지내는 동물로 묘사된다. 유니콘의 뿔은 마법을 지녀 어떤

병이든 고칠 수 있다. 그리고 해태는 두 눈을 부릅떴지만 전혀 무섭지 않다. 용은 동양, 서양의 신화와 전설에 등장하는 신성한 힘을 가진 동물이다. 몸에 비늘이 있고 네 개의 발에 날카로운 발톱과 긴 수염을 가진 동물로 묘사된다.

5과 | 돈과 행복은 분명히 관계가 있습니다

듣고 말하기 ❶

2. ③

3. 1) X　　　 2) O　　　 3) O

듣고 말하기 ❷

2. ①

3. 1) X　　　 2) X　　　 3) O

듣고 말하기 ❸

2. ①

3. 1) X　　　 2) X　　　 3) O

4. 최근 6년 간 개인형 이동 장치와 관련한 교통사고를 분석한 결과, 2017년 110건에서 2020년에는 900건으로 급증하였고, 2023년에는 2,400건으로 무려 20배 넘게 증가하였으며, 사망자는 4명에서 2023년 26명으로 7배 증가한 것을 알 수 있다. 이처럼 사고가 급격히 증가한 원인으로는 안전모 미착용, 승차 인원 미준수 등과 같이 시민들이 안전 수칙을 잘 지키지 않는 데 있다.

듣고 말하기 ❹

2. ①

3. 1) O   2) O   3) X

4. 한류 성공의 이유는 전 세계에서 통하는 한국
문화 콘텐츠의 보편성에 있다. 선진국은 빈부
격차, 계급 사회의 문제를 한국보다 훨씬
먼저 겪은 나라들이지만 이 문제에 어느 정도
무뎌겼다고 할 수 있다. 그런데 한국은 이러한
사회 문제들을 문화 콘텐츠를 통해서 직접적으로
표현하면서 상처를 치유한다. 이러한 점에서
선진국들은 어느 정도 대리 만족을 느낀다고 할
수 있다.

듣고 말하기 ❺

2. 1) 인과관계 - 스트레스와 커피 소비량 /
스트레스와 심장병 발생률

   2) 상관관계 - 돈과 행복 / 커피 소비량과
심장병 발생률

3. ④

4. 1) O   2) X   3) O

5. 커피와 심장병에는 어느 정도 상관관계가
있지만 커피를 안 마신다고 심장병에 안 걸리는
것은 아니다. 그런데 스트레스는 커피 소비량과
심장병 발생률을 증가시키기 때문에 서로
인과관계에 있다. 다른 예를 들면 돈과 행복은
어느 정도 상관이 있는 것이지 돈이 무조건
행복을 의미한다고 할 수 없다. 결국 돈은
행복과 상관관계에 있는 것이지 돈과 행복이
인과관계에 있다고 할 수 없다.

듣고 말하기 ❻

2. ①

3. 1) 스놉 효과 - 남들과 차별되기를 원함

   2) 베블런 효과 - 비싼 상품 구매로 상류층임을
드러냄

   3) 파노플리 효과 - 특정 제품을 구매하는
유명인과 동등해진다고 생각함

4. 1) X   2) O   3) X

5. 명품을 구매하는 이유로는 미적 감상, 성취감,
가치 소비, 동조 욕구, 부의 과시, SNS에서의
자기 과시 등이 있다. 명품과 관련된 소비
심리에는 베블런 효과, 스놉 효과, 파노플리
효과가 있다. 고가의 상품 구입을 통해 재산과
지위를 드러내고 싶어 하고 이러한 소비가
가능한 것을 상류층이라고 생각하는 것을
베블런 효과라 한다. 스놉 효과는 명품이라도
많은 사람들이 가지고 있는 것은 외면하는 소비
심리를 의미한다.

6과 | 돈과 행복은 분명히 관계가 있습니다

듣고 말하기 ❶

2. ②

3. 1) O   2) X   3) X

듣고 말하기 ❷

2. 1) 플로깅 - 조깅하면서 쓰레기 줍기

   2) 플로카업 - 줍다

3. 1) X   2) X   3) O

듣고 말하기 ❸

2. ①

3. 1) O   2) X   3) O

4. 한국은 세계에서 가장 빠르게 고령화가 진행되고 있다. 이에 따라 노인 복지 정책이 더욱 중요해지고 있는데 현재의 노인 복지 정책은 빠른 고령화 추세를 따라가지 못하고 있다. 현재의 복지 예산은 노인 인구의 빠른 증가를 감당할 수가 없다. 또한 노인 요양 시설의 경우, 부적절한 관리로 인한 문제들이 발생하고 있다. 이중 가장 큰 문제는 노인들이 사회에 계속 참여하고 생활을 유지하도록 하는 일자리 정책이 없다는 것이다.

듣고 말하기 ❹

2. ④

3. 1) O   2) X   3) O

4. 디지털 환경의 진화로 SNS, 포털 사이트 등의 온라인 공간에 활발하게 참여하게 되면서 가짜 뉴스가 판을 치게 되었다. 콘텐츠 제작과 공유가 철저히 익명으로, 손쉽게 이뤄지고 순식간에 동시다발적으로 퍼져 나가기에 규제 기관의 차단이 쉽지 않아 피해자는 그야말로 속수무책으로 당하기 십상이다.

듣고 말하기 ❺

2. ①

3. 1) X   2) O   3) O

4. 사람들은 일을 미루는 경향이 있다. 그 근본적인 원인으로 첫 번째, 사람들은 일을 완벽하게 처리하고 싶은 마음에서 일을 미룬다는 것이다. 실패를 하고 싶지 않아서 일을 지연시키거나 회피하게 되는 것이다. 이럴 때 '실천이 완벽보다 낫다'는 마음으로 조금씩이라도 일을 실천하는 게 다른 사람들에게도 더 좋은 인상을 남길 수 있다.

듣고 말하기 ❻

2. ④

3. 1) X   2) O   3) O

4. 문제를 해결하는 능력은 흔히 수학 문제를 풀 때 필요하다고 생각한다. 그러나 문제 해결 능력은 대부분의 직장에서 필수적으로 요구하는 능력이며, 회계, 프로그래밍, 사건 수사부터 창의성이 요구되는 연기, 글쓰기, 미술 영역에까지 필요로 하는 능력이다. 두뇌를 활성화하기 위해서는 우리 몸의 근육과 마찬가지로 지속적으로 문제를 해결하는 습관을 길러야 한다.

듣고 말하는
대학 한국어

발행일 1판 1쇄 2024년 9월 1일

지은이 서희정·박수진·손시진

펴낸이 박영호
기획팀 송인성, 김선명
편집팀 박우진, 김영주, 김정아, 최미라, 전혜련, 박미나
관리팀 임선희, 정철호, 김성언, 권주련

펴낸곳 (주)도서출판 하우
주소 서울시 중랑구 망우로68길 48
전화 (02)922-7090
팩스 (02)922-7092
홈페이지 http://www.hawoo.co.kr
e-mail hawoo@hawoo.co.kr
등록번호 제2016-000017호

ISBN 979-11-5818-090-4 13710
값 25,000원